Deutschbuch

Arbeitsheft

6

Neue Ausgabe

Arbeitstechniken
Texte schreiben
Grammatik
Rechtschreibung
Lesetraining
Lernstand testen

Herausgegeben von
Cordula Grunow und Bernd Schurf

Erarbeitet von
Jan Diehm, Cordula Grunow,
Angela Mielke, Vera Potthast,
Irmgard Schick und Andrea Wagener

Inhaltsverzeichnis

☆ *Aufgaben mit erhöhtem Schwierigkeitsgrad.*

*Du kannst dieses Arbeitsheft auch bei der **Freiarbeit** verwenden. Mit dem **Lösungsheft** kannst du deine Lernergebnisse selbst überprüfen.*

Klassenarbeiten vor- und nachbereiten

Vorbereitung: Einen Wochenplan erstellen

Klassenarbeiten werden angekündigt, und das meist auch rechtzeitig genug, um sie gründlich vorzubereiten:

☐ Erkundige dich bei deinem Lehrer, deiner Lehrerin, wenn du unsicher bist, was genau in der Klassenarbeit geprüft werden wird.

☐ Was kannst du bereits richtig gut? Toll, das musst du gar nicht wiederholen.

☐ Wer kann dir helfen, Unsicherheiten zu beseitigen? Frage Freunde, Geschwister oder Eltern, ob sie dir etwas erklären.

Lernpsychologen empfehlen zur Vorbereitung ein **Sechs-Tage-Programm**: Am ersten Tag verschaffst du dir eine Übersicht über den Lernstoff und verteilst ihn in kleine Häppchen auf den zweiten, dritten und vierten Tag. Am fünften Tag wiederholst du alles noch einmal, am sechsten Tag ruhst du dich aus. Und am siebten Tag schreibst du bestens vorbereitet deine Klassenarbeit.
Sprich dir beim Lernen selbst Mut zu: „Was ich will, das schaffe ich schon!"

1 *Am kommenden Freitag schreibt ihr eine Deutscharbeit zum Thema „Bericht". Heute ist der erste Tag des Sechs-Tage-Programms, also Samstag, und du legst fest, was du lernen musst:*

Übersicht verschaffen (30 min.)   Tempus: Präteritum und Plusquamperfekt (20 min.)

Merkmale des Berichts (15 min.)   Aufbau eines Berichts (15 min.)   Wiederholen (30 min.)

Fülle den Plan für die Nachmittage der kommenden Woche mit deinen Terminen aus und trage den Lernstoff zum Bericht mit festen Lernzeiten ein. Vergiss nicht, auch Pausen einzuplanen.

	Samstag	Sonntag	Montag	Dienstag	Mittwoch	Donners-tag	Freitag
	Mittagspause						
14.00							
14.30							Klassen-
15.00							arbeit
15.30							geschrie-
16.00							ben:
16.30							frei!
17.00							
17.30							

Vorbereitung: Einen Stichwortzettel anlegen

2 *a) Lies den Text.*
b) Markiere die Schlüsselwörter.
c) Schreibe in Stichworten auf, was du beim Anlegen eines Stichwortzettels beachten musst.

Was du einmal aufgeschrieben hast, das hast du so gut wie im Kopf. Deshalb ist es vorteilhaft, auf einem Stichwortzettel die wichtigsten Begriffe zu notieren und Merkmale oder Regeln zusammenzu-
5 fassen. Eine übersichtliche Gliederung hilft dir, bei der Wiederholung am fünften Tag alles mit einem Blick zu erfassen.
Am besten schreibst du alle wichtigen Informationen auf ein großes DIN-A4-Blatt, möglichst schon gut ge-
10 gliedert. Dann nimmst du ein Blatt der halben Größe, ein DIN-A5-Blatt, und schreibst nur das Wichtigste in normaler Schrift auf dieses Blatt. Eine weitere Zusammenfassung der Informationen kannst du schließlich noch einmal auf einem DIN-A6-Blatt vornehmen.
15 Achte auch hier auf die Gliederung und überprüfe, ob die Reihenfolge der Informationen sinnvoll ist. Durch dieses wiederholte Schreiben und Verringern der Informationen lernst du am intensivsten.

Die Klassenarbeit schreiben

3 *Lies die Aufgabenstellung durch und kreuze an, was genau in der Aufgabe gefordert ist.*

In der Geschichte geht es um Meinungsverschiedenheiten zwischen einer Lehrerin und ihrer Klasse. Unterstreiche im Text die Argumente der Klassensprecherin mit Grün.

☐ Ich soll die Meinungsverschiedenheiten zwischen Lehrerin und Klasse unterstreichen.

☐ Ich nehme einen grünen Stift und unterstreiche ausschließlich die Argumente der Klassensprecherin.

☐ Ich schreibe heraus, welche Meinungsverschiedenheiten es in der Klasse gibt.

☐ Ich unterstreiche mit Grün die Argumente aller Schülerinnen und Schüler.

Nimm begründet Stellung, ob dich die Argumente der Lehrerin mehr überzeugen oder die der Klassensprecherin.

☐ Ich schreibe auf, welche Argumente ich gut finde.

☐ Ich schreibe auf, welche Argumente mich überzeugen würden, und begründe meine Meinung.

☐ Ich unterstreiche im Text die Argumente, die mich überzeugen.

☐ Ich muss zu der Meinungsverschiedenheit selbst Stellung nehmen und meine eigene Meinung begründen.

Behalte während der Klassenarbeit deine Uhr im Auge, ohne alle paar Sekunden darauf zu schauen. Bleib gelassen, wenn jemand früher abgibt. Das Tempo, in dem du deine Arbeit bewältigst, wird nicht benotet.

Nimm dir unbedingt zum Schluss etwa fünf bis zehn Minuten Zeit und lies deine Arbeit nochmals durch. Achte auf Zeichensetzung und Rechtschreibung.

4 *Kennst du deine persönlichen Fehlerschwerpunkte?
Schreib auf, worauf du besonders achten möchtest.*

_____

_____

_____

Nacharbeiten

□ Aus Fehlern kann man gut lernen. Vielleicht schreibt dein Lehrer oder deine Lehrerin unter deine Arbeit einige Hinweise. Lies sie unbedingt, sie sollen dir helfen, an deinen Fehlern zu arbeiten.

□ Lege eine Fehlerkartei an. Arbeite sie in der Vorbereitungsphase für die Klassenarbeit mit der Wiederholung am fünften Tag durch. Du wirst sehen, deine Fehler werden schnell weniger werden.

5 *Trage in die Karteikarten ein, welche Fehler du in deiner letzten Deutscharbeit gemacht hast.*

ihm → *Personalpronomen, langes i*

5

6 Im Folgenden findest du eine Zusammenfassung der Merksätze für die Vor- und Nachbereitung von Klassenarbeiten. Füge die durcheinandergeratenen Sätze zu sinnvollen Merksätzen zusammen.

1.
Beginne jeden Tag einen kleinen Teil und lerne die Vorbereitungen eine Woche vorher.

5.
Bilde Mut kleine Klassenarbeit und sprich dir während der Mut-mach-Sätze zu.

2.
Erstelle einen Überblick über den Stand deiner Vorbereitungen, damit du einen Wochenplan für deine Vorbereitungen bekommst.

6.
Ruhe dich vor der Klassenarbeit früh zu Bett aus und geh nach guter Vorbereitung einen Tag.

3.
Lerne am Tag nicht mehr als Pausen und lege in die Lernphasen alles in allem zwei Stunden ein.

7.
Frage zu Beginn der Klassenarbeit genau durch und Lies sie nach, wenn du zuerst die Aufgaben nicht verstehst.

4.
Fasse diese Informationen zusammen noch einmal mit den wichtigsten Begriffen, Daten und Regeln und Schreibe übersichtlich gegliedert einen Stichwortzettel.

8.
Untersuche zur Nachbereitung der Klassenarbeit eine Fehlerkartei und verwende für die Berichtigung deine Fehlerschwerpunkte.

Merksätze:

1.

2.

3.

4.

5.

6.

7.

8.

Erzählen

Eine Erzählung hat meistens folgenden Aufbau:
- Die **Einleitung** beschreibt die Ausgangslage **(Zeit, Ort, Figuren)** und macht neugierig.
- Der **Hauptteil** steigert die Spannung in mehreren Erzählschritten und führt auf einen Höhepunkt hin.
- Der **Schluss** löst meistens alle offenen Fragen und rundet die Geschichte ab.

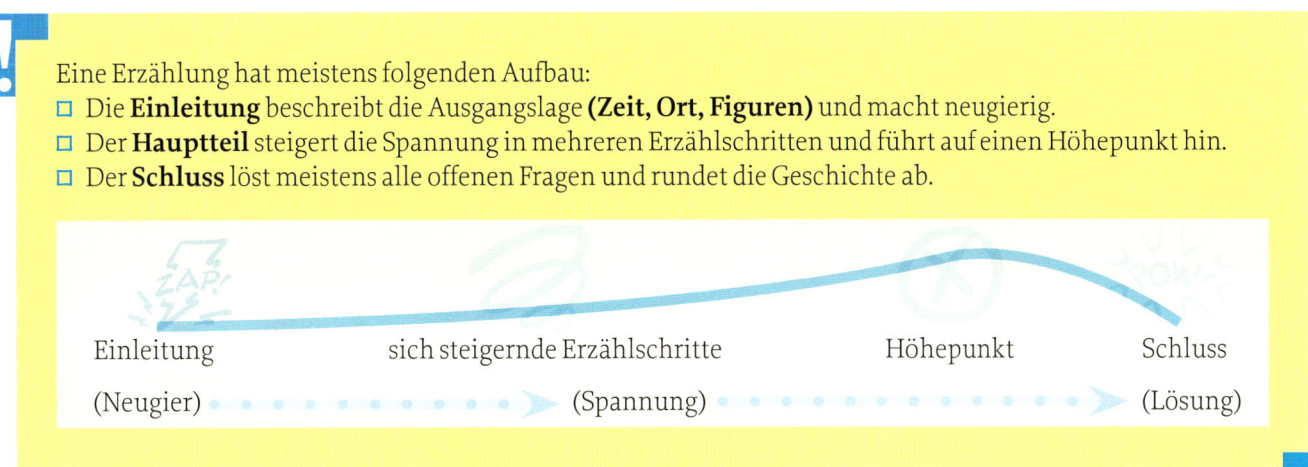

Einleitung   sich steigernde Erzählschritte   Höhepunkt   Schluss

(Neugier)   (Spannung)   (Lösung)

Manchmal hofft man, etwas durch eine kleine Schwindelei verbessern zu können. Flunkereien können einen aber ganz schön in die Zwickmühle bringen. So ist es auch Sebastian in der Geschichte „Filmstar und Burgfräulein" ergangen: Sebastian ist nicht wirklich ein Filmstar und Jana nur in seinen Träumen das Burgfräulein, das er retten muss …

1 *Die folgenden Sätze sind durcheinandergeraten. Sie sind eine Inhaltszusammenfassung der Geschichte.*
a) Bringe die Sätze durch Nummerierung in eine sinnvolle Reihenfolge.
b) Beachte den Aufbau der Erzählung und ordne den Teilen die Nummern der Sätze zu.

☐ Als Sebastian während der Fahrt zur Zugtoilette geht, sieht er Jana in einem anderen Abteil sitzen. Jana entdeckt Sebastian vor ihrem Abteil, kommt heraus und unterhält sich mit ihm.

☐ Sebastian geht zurück in sein Abteil und ärgert sich, dass er Jana angelogen hat. Er überlegt, wie er Jana doch noch die Wahrheit sagen kann.

☐ Um Jana zu imponieren, erzählt Sebastian ihr, er fahre nach Italien, wo er in einem Film als Ritter mitspiele. Jana erzählt, dass sie in den Schwarzwald fährt, nach Ludershausen.

☐ Von Beginn der Fahrt an muss Sebastian immer wieder an Jana denken. Jana ist seine Schulkameradin, die er sehr mag.

☐ Die Schaffnerin kommt zurück und gibt Sebastian einen Kuss von Jana. Auf die verwunderte Nachfrage seiner Eltern antwortet Sebastian nur verschlüsselt.

☐ Sebastian fährt mit seinen Eltern mit der Bahn in den Sommerferien für drei Wochen in den Schwarzwald, nach Ludershausen.

☐ Sebastian schreibt Jana einen Brief und erklärt ihr alles. Eine Schaffnerin bringt den Brief für Sebastian zu Jana.

Einleitung: _____   Hauptteil: _____   Schluss: _____

2 *Wie beurteilst du Sebastians Verhalten? Begründe.*

_____

_____

_____

Einleitung

So lässt der Schriftsteller Christian Bieniek die Geschichte vom „Filmstar und Burgfräulein" beginnen:

Meine Eltern machen mich wahnsinnig! „Noch ein Käsebrot, Sebastian?" Ich stoße einen Seufzer aus. „Willst du, dass ich platze, Mutti? Das würde bestimmt ziemlich ekelhaft aussehen." „Oder hättest du lieber ein Ei?" „Nein

5 danke!", ächze ich. „Hier passt nichts mehr rein!" Ich zeige auf meinen Bauch. Er ist so voll, dass ich mich kaum noch rühren kann. Seit drei Stunden werde ich fast ununterbrochen gefüttert. Mutter hat so viel Verpflegung mit, als würden wir eine Reise zum Mond machen. Dabei fahren

10 wir nur nach Ludershausen, einem winzigen Ort im Schwarzwald, in dem wir unsere Sommerferien verbringen werden. Drei Wochen ohne Jana …
„Guck mal, Sebastian!" Mein Vater zeigt aus dem Fenster. „Diese beiden Burgen gehören zwei Brüdern, die miteinander

15 ander verfeindet waren. Möchtest du wissen, wie ihr Streit ausgegangen ist?" „Ich möchte lieber schlafen", antworte ich gähnend. „Gute Nacht!" Ich lehne mich zurück und schließe die Augen. Vater redet weiter, aber ich höre nicht mehr zu. Jedes Mal, wenn wir den Rhein entlangfah-

20 ren, nervt er mich mit diesem Ritterquatsch. Er weiß über jede Burg und jede Ruine genau Bescheid. Warum erzählt er diese endlosen Geschichten nicht jemandem, der sie noch nie gehört hat? Zum Beispiel der netten Schaffnerin. Oder dem Feuerlöscher draußen im Gang.

25 Die Schaffnerin hat einen langen, blonden Zopf, genau wie Jana.
Jana …

3 *Nachfolgend sind Mittel aufgelistet, die helfen, Leserinnen und Leser neugierig auf eine Geschichte zu machen.*
   a) Kreuze an, welche dieser Mittel in der Geschichte oben angewendet wurden.
   b) Schreibe auf, in welcher Zeile du dieses Mittel im Text gefunden hast.

☒ Die Erzählweise ist gleich von Anfang an humorvoll und witzig:

Z. *1,*

☐ Durch wörtliche Rede ist der Erzählanfang lebendig gestaltet:

Z. _____

☐ Es wird von einer harmlosen Situation erzählt, die auf einmal gefährlich erscheint:

Z. _____

☐ Ausdrucksstarke Verben und Adjektive sowie bildliche Ausdrücke helfen schon in der Einleitung, sich in die Situation hineinzuversetzen:

Z. _____

☐ Es wird eine falsche Fährte gelegt:

Z. _____

☐ Durch die Wortwahl wird eine spannende, geheimnisvolle Atmosphäre erzeugt:

Z. _____

☐ Durch Andeutungen wird die Neugierde auf eine weitere Figur und Sebastians Beziehung zu ihr gelenkt:

Z. _____

8

Hauptteil

Um eine Erzählung lebendig, anschaulich und spannend zu gestalten, kannst du
- ☐ wörtliche Rede benutzen,
- ☐ ausdrucksstarke Verben verwenden,
- ☐ Gefühle und Gedanken der Figuren anschaulich beschreiben,
- ☐ treffende Adjektive auswählen und
- ☐ Sinneseindrücke (z. B. Hören, Riechen, Fühlen) in Worte fassen.

4 *Sebastian trifft Jana zufällig vor ihrem Abteil. Schreibe den Dialog zwischen Sebastian und Jana weiter. Beachte den Tipp.*

TIPP

Zur Einleitung der wörtlichen Reden in einer Erzählung solltest du nicht immer nur das Verb „sagen", sondern ausdrucksstärkere, zur Redeweise passende Verben verwenden, z. B.: „antworten", „behaupten", „stammeln", „schwärmen", „nachfragen", „erklären", „erzählen", „sich wundern".

... da hat mich Jana auch schon entdeckt. Prompt klappt sie das Buch zu, rutscht vom Sitz und kommt aus dem Abteil. „Sebastian!", strahlt sie mich an, „was machst du denn hier?"

_____

_____

_____

_____

_____

5 *Du hast erfahren (vgl. S. 7), wie die Geschichte weitergeht. An welchen Stellen der Geschichte möchtest du als Leserin oder Leser Sebastians Gefühle und Gedanken gern besonders genau beschrieben bekommen? Schreibe die Nummern der Sätze aus Aufgabe 1, S. 7, auf.*

_____

_____

6 *Wie macht Sebastian seine Gefühle für Jana deutlich? Markiere die Textstellen.*

Jana ... Immer wieder muss ich an sie denken. Wie seltsam sie mich angeguckt hat, als wir uns vorgestern nach der letzten Stunde verabschiedet haben! Ob sie auch ein bisschen traurig darüber ist, dass wir uns erst in einer halben
5 Ewigkeit wieder sehen? Nein, ich bin nicht in sie verliebt. Nicht richtig jedenfalls. Ich hab ihr noch nie einen Liebesbrief geschrieben. Oder sie geküsst. Aber ich bin unheimlich gerne mit ihr zusammen. Wenn sie mich anlächelt, verwandelt sich mein Magen in einen Aufzug. Er saust hinunter zu meinen Füßen und rast dann wieder hinauf. 10 Davon wird mir ganz schön übel. Sollte mich Jana eines Tages zehnmal hintereinander anlächeln, brauche ich bestimmt eine Kotztüte.

7 Sebastian hat Jana angelogen. Beschreibe die Gefühle und Gedanken, die er danach hat, in der Ich-Form. Der folgende Anfang hilft dir.

Was bin ich doch für ein Blödmann! Filmstar in Italien – so'n Quatsch! Wenn mich Jana in Ludershausen aus dem Zug steigen sieht,

Schluss

8 Der Schluss der Geschichte ist in einem Satz zusammengefasst (siehe S. 7): „Die Schaffnerin kommt zurück und gibt Sebastian einen Kuss von Jana. Auf die verwunderte Nachfrage seiner Eltern antwortet Sebastian verschlüsselt." Formuliere in deinen Worten die Frage der Eltern und Sebastians Antwort als kurzen Dialog aus:

9 Verwende deine Vorarbeiten aus den Aufgaben 1 bis 8, um die ganze Geschichte von Sebastian und Jana zu erzählen. Schreibe deine Erzählung in dein Heft.

Eine Bildergeschichte ausgestalten

e. o. plauen

Vater und Sohn: Unbeabsichtigte Helden

1 *Ordne folgende Erzählschritte den Bildern zu:*

Hauptteil/Schluss: Auflösung der Spannung

Hauptteil: Spannungshöhepunkt

Einleitung/Hauptteil: Aufbau der Spannung

Schluss: glückliches Ende

Einleitung: Auslöser des Geschehens

Hauptteil: Steigerung der Spannung

2 *Schreibe die Geschichte zu den Bildern in dein Heft. Beachte auch den folgenden Tipp.*

TIPP

- ☐ Überlege dir, an welchen Stellen der Geschichte es kurze Dialoge geben kann.
  Halte zunächst in Stichworten fest, wer spricht und was gesagt wird.
- ☐ Sammle zu jedem Bild, also zu jedem Erzählschritt, passende ausdrucksstarke Adjektive und Verben.
  Ordne diese den verschiedenen Figuren zu.
- ☐ Achte auf sprachliche Übergänge zwischen den Erzählschritten und auf abwechslungsreiche
  Satzanfänge.

Berichten

Wer einen Bericht liest, muss möglichst **schnell** verstehen können, was **genau** geschehen ist.
Deshalb sollte ein Bericht (möglichst) alle **W-Fragen** beantworten:
„Wer?" „Was?" „Wo?" „Wann?" „Wie?" „Warum?" „Mit welchen Folgen?"
Ein Bericht muss:
- **knapp** (nicht ausschweifend, ohne Nebensächlichkeiten),
- **geordnet** (Ereignisse in der richtigen Reihenfolge),
- **sachlich** (keine persönlichen Meinungen und Äußerungen von Betroffenheit) und
- **genau** (keine oberflächlichen Formulierungen)

verfasst sein.
Ein Bericht wird in der Regel im **Präteritum** geschrieben.

1 *Eine Schülerin aus der 6b hat beobachtet, dass ein Junge erpresst wurde. Sie soll als Zeugin einen Bericht für den Schulleiter verfassen. Vor lauter Aufregung gerät sie zwischendurch ins Erzählen. Unterstreiche mit blauem Stift Sätze, in denen sie berichtet, mit rotem Stift Sätze, in denen sie erzählt.*

Gestern, am 16. April, kurz nach Schulschluss beobachtete ich Folgendes: Zwei Jungen aus unserer Schule passten einen kleineren Jungen am Fahrradständer ab und drängten ihn ins Gebüsch. Ich war total erschrocken, weil ich

5 zufällig direkt daneben stand und erst dachte, dass sie etwas von mir wollten. Ich hörte, wie der Junge aus der 6. Klasse sagte: „Lasst mich in Ruhe!" Er versuchte auch, sich zu befreien, aber die beiden packten ihn einfach etwas fester. Dann holte einer der beiden Älteren ein Messer aus der

10 Tasche und fuchtelte damit herum. Mir stockte der Atem, als ich das sah: ein Messer! Was würden sie dem kleinen Jungen tun? Sollte ich eingreifen? Aber gegen die zwei

großen Jungen konnte ich ja auch nichts ausrichten. Außerdem war ich wie gelähmt vor Schreck und blieb wie versteinert hinter dem Pfosten stehen. Die beiden Angreifer hatten es anscheinend auf die neuen Turnschuhe des Kleinen abgesehen. Was sie ihm sagten, war nicht zu verstehen, aber er zog schließlich zögernd seine Schuhe aus. Dann wurde der Junge aus dem Gebüsch geschubst und die beiden anderen verschwanden. Der Junge hatte keine Schuhe mehr an und setzte sich weinend auf sein Fahrrad. Ich stand unter Schock. Erst als der Junge schon nicht mehr zu sehen war, dachte ich daran, dass ich ihn ja wenigstens hätte trösten können.

12

2 Fasse diese Informationen zu einem Bericht für die Schulleitung zusammen:
a) Beantworte alle W-Fragen in Stichworten. Ergänze Informationen, die du dem Bild nicht entnehmen kannst.

Wer war beteiligt?

Was geschah?

Wann geschah es?

Wo geschah es?

Wie geschah es?

Warum geschah es?

Welche Folgen hatte das Geschehen?

b) Formuliere mithilfe deiner Stichworte einen zusammenhängenden Bericht. Schreibe ihn in dein Heft.

In der Klasse 6a gibt es einen Streit, der sich zuspitzt. In der Pause unterhalten sich einige Mädchen über die Ereignisse.

„Habt ihr gemerkt, dass Miriam jetzt schon den dritten Tag fehlt? Die ist doch sonst nie krank."

„Meinst du wegen der Hose? Hat sie das immer noch nicht vergessen? Das ist doch jetzt schon fast zwei Wochen her. Das war doch an dem Dienstag, als wir die Mathearbeit geschrieben haben."

„Kann sein. Die letzten Tage haben sie auch immer angefangen zu lachen, wenn Miriam sich meldet. Ich kann mir auch kaum vorstellen, dass das noch etwas mit dem Füller zu tun hat."

„Die Hose sah ja auch echt ziemlich blöd aus, oder? Aber die hat sie seit dem Dienstag ja gar nicht mehr angehabt. Trotzdem habe ich mitbekommen, dass Johanna und ihre Freundinnen ,Lumpenhose' sagen, wenn sie an Miriam vorbeikommen. Ich denke, die sind so gemein zu der, weil sie gut ist in fast allen Fächern."

„ Na ja, nach der Woche wundert mich das nicht so sehr."

„Klar, den hat sie sich doch direkt danach aus dem Mäppchen von Miriam geholt und nicht wieder zurückgegeben. Womit schreibt denn eigentlich Miriam jetzt?"

„Aber angefangen hat doch alles damit, dass Miriam mit der neuen Hose in die Klasse kam und Johanna laut fragte, aus welcher Altkleidersammlung sie die denn gefischt habe. Und fast alle aus der Klasse haben darüber gelacht, ich, ehrlich gesagt, anfangs auch."

„Miriam hat da aber total wütend reagiert und Johannas Füller auf den Boden geknallt. Ich glaube, der ist dabei sogar kaputtgegangen. Mir ist jedenfalls aufgefallen, dass Johanna seither mit dem tollen Füller von Miriam schreibt."

Pilar, die Klassensprecherin, hat an der Pausenunterhaltung teilgenommen und möchte etwas dafür tun, dass der Streit beendet wird. Deshalb beschließt sie, für das Gespräch mit der Klassenlehrerin einen Bericht vorzubereiten, damit die Sache fair geregelt werden kann.

3 *Unterstreiche in den Äußerungen alle Informationen, die Pilar für ihren Bericht brauchen kann (W-Fragen).*

TIPP

Bei einem Bericht ist es häufig sehr wichtig, die **zeitliche Abfolge der Ereignisse** genau anzugeben.
Für die zeitliche Reihenfolge sollten exakte Formulierungen verwendet werden.
Beispiel: „*Zuerst* zog Sven Marina an den Haaren. *Daraufhin* gab sie ihm eine Ohrfeige. *Sofort danach* zog er noch einmal an ihrem Zopf."

☆ **4** *Schreibe einen Stichwortzettel, auf dem alle wichtigen Informationen in der richtigen Reihenfolge stehen. Verwende passende Zeitangaben und schreibe die ganzen Sätze in dein Heft.*

Vor fast zwei Wochen   Seitdem   An diesem Dienstag   Anfangs

Sofort   In den letzten Tagen   Seit drei Tagen   In diesem Moment

Daraufhin   Seit dem Dienstag   Daraufhin   Sofort

Zeitangaben:

Vor fast zwei Wochen → ...

An diesem Dienstag ...

Stichworte:

1. wurde eine Klassenarbeit geschrieben.

2. ...

TIPP

Die Tempora (Sg. = Tempus; Zeitform) der Verben helfen, die zeitliche Reihenfolge in einem Bericht deutlich zu machen: Wenn man von etwas Vergangenem berichtet, steht der Bericht in der Regel im **Präteritum.**
Um auszudrücken, was noch davor geschah, verwendet man das **Plusquamperfekt.**
Beispiel: „Die Klassenlehrerin *kam* noch einmal in den Raum zurück. (Präteritum)
Sie *hatte* auf dem Flur das laute Poltern *gehört.*" (Plusquamperfekt)

---

5 *Setze das Verb im Präteritum oder Plusquamperfekt ein. Achte auf die zeitliche Reihenfolge.*

Nachdem die Klassenlehrerin den Raum (verlassen) _____, stürzten sich Marco und Hannes

gleich auf Alwin. Alwin (beschimpfen) _____ die beiden in der letzten Pause als Streber und

Mamasöhnchen _____. Erst nachdem die Lehrerin noch einmal in die Klasse (zurück-

kommen) _____, konnten die Streithähne getrennt werden.

6 *Auf Wunsch der Klassenlehrerin der Klasse 6d suchen Marco, Hannes und Alwin die schulischen Streitschlichter auf. Marco ist sehr beeindruckt von dem Gespräch und schreibt einen Bericht für die Schülerzeitung. Leider haben sich in seinen Bericht einige Fehler eingeschlichen.*

Streitschlichter sind toll Ich finde es persönlich ganz toll, dass es an manchen Schulen Schlichter gibt. Hannes und ich haben nämlich ziemlichen Streit mit Alwin gehabt. Das geht schon eine Weile so. Letzten Donnerstag, am 6. Januar 2005, hatten wir ein Gespräch bei den Streitschlich-
5 tern unserer Schule. Die wissen, was sie tun müssen, wenn jemand Zoff hat und sie dann helfen sollen. Wir sind in den Schlichtungsraum gegangen, da sitzen in jeder großen Pause ausgebildete Streitschlichter und warten, ob jemand ihre Hilfe braucht. Mich hat es total beeindruckt, dass sie das so ganz freiwillig machen. Als wir dann kamen, am Donnerstag in der großen
10 Pause, haben sie ein Gespräch mit uns geführt. Zuerst haben sie uns die Regeln erklärt: Wir mussten ruhig bleiben und dem anderen gut zuhören. Dann haben wir gemeinsam nach einer Lösung gesucht. Stellt euch vor: Sie konnten eine Lösung mit uns finden, mit der alle drei Streithähne zufrieden waren. Das ist doch eigentlich genial, da es so keinen Verlierer gibt.

a) Überprüfe mit Hilfe des Merkkastens auf S. 12, ob die Kriterien für einen Bericht erfüllt werden.
b) Streiche Unpassendes durch und notiere Verbesserungsmöglichkeiten am Rand.

7 *Schreibe den Bericht auf der Grundlage deiner Verbesserungsvorschläge neu. Wenn du eigene Erfahrungen mit Streitschlichtung hast, kannst du diese einfließen lassen. Arbeite die nachfolgenden Informationen ein:*

Lösung in einem Vertrag vereinbaren

vermitteln in Streitfällen zwischen Schülern

Streitschlichtungen sollen den Streitenden helfen, ihren Konflikt selbst zu lösen

beide Konfliktparteien müssen dem Verfahren zustimmen

feste Regeln: zuhören, ausreden lassen und sachlich bleiben

sind unparteilich

Am 6. 1. 2005 besuchten Marco, Hannes und Alwin, Schüler der Klasse 6d,

Beschreiben

Beim **Beschreiben von Gegenständen** musst du Folgendes beachten:
- □ Es kommt auf **Sachlichkeit** und **Genauigkeit** an.
- □ Die Aussagen über den Gegenstand müssen außerdem in eine **sinnvolle Reihenfolge** gebracht werden.
- □ Am besten ist es, mit dem Gesamteindruck zu beginnen (bei einer Tasche etwa Größe, Typ und Farbe) und dann auf Einzelheiten (Details) einzugehen (nach Oberbegriffen geordnet: Fächer, Tragemöglichkeiten, Ausstattung ...).
- □ Achte auf die Verwendung von **treffenden Adjektiven.**
- □ Zeitform ist das **Präsens.**

Hendrik bekommt eine neue Schultasche. Seine alte möchte er bei einer Internet-Versteigerung verkaufen. Nun will er ein Angebot mit Foto gestalten.

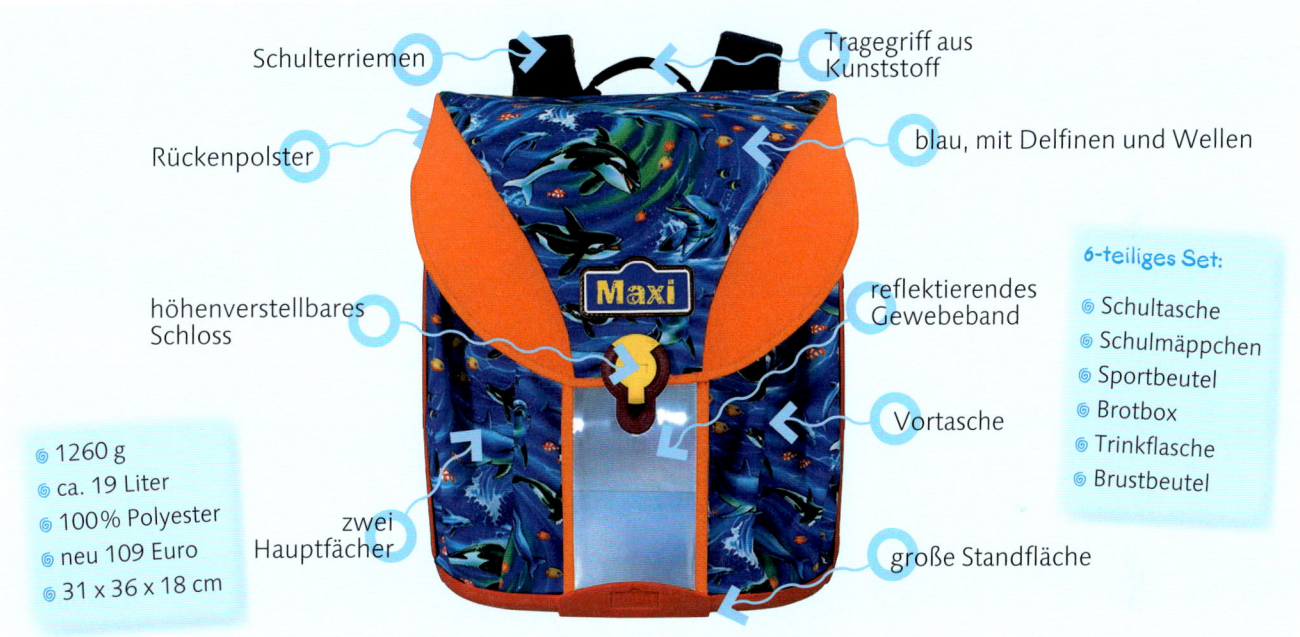

Käufer und Käuferinnen interessieren sich für bestimmte Merkmale einer Ware, um eine schnelle Übersicht zu bekommen. Solche Merkmale werden Oberbegriffen zugeordnet.

1 *Hendrik hat Oberbegriffe gesammelt, um die Schultasche zu beschreiben. Ordne ihnen die Merkmale der Tasche zu.*

Gegenstand	
Material	
Maße, Volumen, Gewicht	
Farbe und Gestaltung	
Fächer/Aufteilung	
Besonderheiten	
Set-Bestandteile	
Neupreis	

2 a) Ordne den Merkmalen treffende Adjektive und Wendungen aus dem Wortmaterial zu, die die Vorzüge der Schultasche hervorheben. Ergänze diese Wendungen mit eigenen Vorschlägen.

b) Schreibe die ergänzten Merkmale auf.

wasserabweisend   bequem   automatisch leuchtend   s-förmig   ~~bekannt~~   hochwertig

vielseitig   ~~robust~~   regendicht   formstabil   bunt   geräumig   gepolstert

viele   wasserundurchlässig   ergonomisch (= der menschlichen Rückenform angepasst)

angenehm zu tragen   gut sichtbar   ultraleicht   schön   günstig   gut erhalten

robuste Schultasche, bekannte Marke,

_____

_____

_____

_____

_____

_____

3 a) Setze die fehlenden Adjektive und Partizipien in die folgende Schultaschenbeschreibung für die Internet-Versteigerung ein.

b) Beschreibe nach diesem Beispiel die Schultasche aus Aufgabe 1. Schreibe in dein Heft.

Adjektive	dreiteilige	wasserundurchlässige	metallene	optimale
	spezielle	geringe	praktische	großen
Partizipien	wasserabweisende	wachsenden	reflektierenden	

Das _____ Ranzen-Set „Maxi" besteht aus Ranzen, Sportbeutel und Schüleretui. Der Ranzen bietet durch die _____ Rückenpolsterung einen _____ Tragekomfort und passt sich dem _____ Kinderrücken an. Vom _____ Hauptfach ist eine Vortasche abgeteilt. Das _____ Schloss ist höhenverstellbar. Der Schulranzen bietet viele _____ Detaillösungen: Er ist mit _____ Materialien besetzt und gewährt damit Sicherheit im Straßenverkehr, nach DIN 58124. Das _____ Polyestergewebe sowie die _____ _____ Innenbeschichtung schützen vor Feuchtigkeit. Maße: ca. 31 x 36 x 18 cm, Gewicht leer 1260 g, Vol. ca. 19 l; Sportbeutel ca. 28 x 40 cm, Schüler-Etui mit Inhalt. Neupreis 109,- Euro. Der Ranzen weist nur _____ Gebrauchsspuren auf, die Schlüsselbefestigung in der Innentasche fehlt.

Beim **Beschreiben von Personen** ist einiges zu beachten:
- ☐ Zunächst ist eine sachliche Darstellung **äußerer Kennzeichen** eines Menschen wichtig: seines Körpers (schlanke Gestalt, blaue Augen ...), der Körperhaltung (stolz, gebeugt ...), der Kleidung (modischer Anzug ...).
- ☐ Außerdem können **Verhalten** und **Eigenschaften** der Person beschrieben werden.
- ☐ Achte auf eine sinnvolle Reihenfolge (z. B. Name, Alter, Körper, Kopf, Kleidung und Besonderheiten des Verhaltens).
- ☐ **Attribute,** besonders Adjektive, sorgen für Anschaulichkeit.
- ☐ **Adressat** und Zweck der Personenbeschreibung entscheiden, welche Angaben gemacht werden und welcher Schreibstil angemessen ist (z. B. sachlich, gefühlvoll).
- ☐ Tempus ist das **Präsens.**

In J. R. R. Tolkiens Roman „Der Herr der Ringe" spielen Elben neben anderen fabelhaften Gestalten eine wichtige Rolle. Galadriel, die Königin des Waldes, ist so ein unsterbliches, menschenähnliches Wesen von großer Weisheit und Schönheit. Stelle sie einem Freund oder einer Freundin vor.

1 *Markiere im folgenden Text die Merkmale für Galadriel.*

J. R. R. Tolkien

Die Elbin Galadriel

Den Raum erfüllte ein sanftes Licht; die Wände waren grün und silbern, die Decke golden. Viele Elben saßen hier. Vor dem Baumstamm auf zwei Thronsesseln, mit einem lebenden Zweig als Baldachin darüber, saßen Cele-
5 born und Galadriel Seite an Seite. Sie standen auf, um ihre Gäste zu begrüßen, wie es sich nach elbischer Sitte auch für jene schickte, die als mächtige Könige galten. Sehr groß waren sie beide, Frau Galadriel nicht minder als Herr Celeborn, sehr schön und würdevoll. Gekleidet waren sie ganz in Weiß; das Haar der hohen Frau war wie dunkles Gold, das des Herrn Celeborn lang und silbrig hell. Kein Zeichen ihres Alters war zu erkennen, es sei denn in der Tiefe ihrer Augen, die scharf blickten wie Lanzen im Sternenschein und doch unergründlich waren, 15 Brunnen uralter Erinnerung.

2 *Schreibe – passend zu den Fragen – in die Tabelle alle Merkmale Galadriels, die du unterstrichen hast.*

Wie heißt sie und wie alt ist sie?	*Galadriel,*
Wie sieht sie aus? (Körpergröße, -form, -haltung)	
Wie sieht ihr Gesicht aus? (Augen, Haare, Nase, Mund, Lippen, Wangen)	
Wie ist sie gekleidet?	
Welche Eigenart hat sie?	

3 *Sieh dir das Bild von Galadriel an. Ergänze weitere passende Merkmale für sie. Verwende die Wörter aus dem Wortspeicher.*

glänzend – oval – länglich – hoch – lang – schön – mandelförmig – geschwungen – blass – gelockt – voll – gescheitelt – wallend – ernst – hell – edel – blond

4 *Beschreibe die Elbin Galadriel in vollständigen Sätzen. Schreibe in dein Heft.*

5 *Im Text über „Aragorn" fehlen einige wichtige Beschreibungsmerkmale. Füge sie hinzu.*

reinlichen   fremdländisch und wetterfest aussehenden   dunkles, grausträhniges

schummrigen   gut sitzenden   bleichen, strengen   blanke, graue

eigenartig geschnitzte   aus dickem dunkelgrünem Tuch   aus weichem Leder

J. R. R. Tolkien

Aragorn

Aragorn, auch Streicher genannt, begleitet Frodo auf dessen Reise.

Plötzlich bemerkte Frodo einen _____ Menschen,

der im _____ Licht an der Wand saß und den Hobbitgesprächen ebenso aufmerksam zuhörte wie er

selbst. Der Mann hatte einen hohen Deckelkrug vor sich stehen und rauchte eine _____

Pfeife. Die Beine, die er von sich gestreckt hatte, steckten in _____ Schaftstiefeln

_____, die schon viel durchgemacht haben mussten und jetzt mit Schlamm verkrustet

waren. Eng um den Leib gezogen trug er einen ebenfalls nicht sehr _____ Mantel _____

_____; und trotz der Hitze im Raum hatte er die Kapuze tief in die Stirn gezogen,

sodass Frodo nur noch die Augen funkeln sah, mit denen er die Hobbits beobachtete. [...] Frodo merkte, dass Streicher nun

ihn ansah, als hätte er alles mitgehört oder erraten, was sie gesagt hatten. Gleich darauf, mit einer Handbewegung und

einem Nicken, lud er Frodo ein, sich zu ihm zu setzen. Als Frodo herankam, warf er die Kapuze zurück, und man sah

_____ Zottelhaar und _____ Augen in einem

_____ Gesicht. „Man nennt mich Streicher", sagte er mit leiser Stimme.

6 *Die Bilder zeigen den Schauspieler Viggo Mortensen in der Rolle des Aragorn. Notiere dir in Stichworten, was dir an Einzelheiten der äußeren Erscheinung auffällt. Verwende vor allem Adjektive.*

_____

_____

_____

_____

_____

_____

7 *Verfasse nun eine zusammenhängende Beschreibung von Aragorn. Schreibe in dein Heft.*

Beim **Beschreiben und Erklären von Vorgängen,** z. B. in einer Bastelanleitung, wird ein Ablauf beschrieben.

- ☐ Es ist wichtig, die einzelnen Schritte in der **richtigen Reihenfolge, genau** und **vollständig** wiederzugeben.
- ☐ Dabei sollst du **knapp** und **sachlich** beschreiben.
- ☐ Verwendest du **Fachbegriffe,** die einem Außenstehenden nicht verständlich sind, musst du diese kurz **erklären.**
- ☐ Tempus ist das **Präsens.** Damit drückst du aus, dass der Vorgang zu jeder Zeit nach deiner Beschreibung wiederholt werden kann.

Sicher hast du schon einmal ein Papierschiffchen oder einen „Flieger" aus Papier gefaltet, aber kennst du dich auch mit kleinen Tieren aus? Um die herzustellen, brauchst du neben Papier auch ein wenig Geschicklichkeit.

Zum Einstieg: Die Hexenstiege

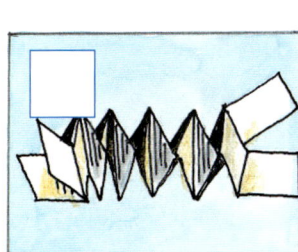

☐ In der gleichen Weise faltet man weiterhin stets den unteren Streifen nach oben, sodass ein treppenähnliches Zackengebilde entsteht: die Hexenstiege.

☐ Man legt den einen Streifen im rechten Winkel über den anderen.

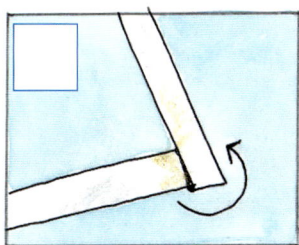

☐ Man schneidet zuerst zwei gleich lange und gleich breite Streifen aus gleichfarbigem oder auch verschiedenfarbigem Papier aus: etwa 30 cm lang und 1,5 cm breit.

☐ Nun biegt man den unten liegenden Streifen im rechten Winkel über den oberen.

1 *Die Bastelanleitung ist durcheinandergeraten.*
a) Ordne den Text in der richtigen Reihenfolge und trage Nummern in die Kästchen ein.
b) Ordne den Bildern die Nummern der Textteile zu.

TIPP

Für das Beschreiben eines Vorgangs kannst du sprachlich unterschiedliche Formen wählen:
- ☐ **direkte Ansprache:** „Du faltest ... "
- ☐ **Imperativ (Befehlsform):** „Falte ein Stück Papier ..."
- ☐ **unpersönliche Ansprache** mit „man": „Man faltet ..."

2 *a) Bestimme: Welche Ansprache wurde für die Bastelanleitung „Hexenstiege" gewählt?*

b) Wähle eine andere Anspracheform und schreibe den veränderten Text in dein Heft.

Für geübte Bastler: Die Eidechse

3 *Damit eine Bastelanleitung anschaulich und verständlich wird, musst du das jeweils zutreffende Verb verwenden. Vervollständige die Bastelanleitung für den Schnappschnabel, indem du die passenden Verben in den Text einträgst.*

bestehen aus	angeklebt	~~nehmen~~	braucht	messen	zugeschnitten
ergibt sich	gebogen	erreichen	abgeschnitten	aufmalen

Für dieses grasgrüne Tier *nehmen* wir Tonpapier. Man _____ zwei Streifen, je 130 cm lang.

Notfalls muss man die Streifenlänge durch Zusammenkleben _____. Beide Streifen werden

so _____, dass sie oben 3 cm breit sind und unten nur noch 3 mm _____.

Dadurch _____ beim Falten von selbst die vorn breitere und rückwärts spitz zulaufende Form.

Der Kopf ist ein Schnappschnabel. Die Augen kann man einschneiden oder _____. Die Beine

_____ etwa 7 mm breiten, roten und grünen Streifen, zur Hexenstiege gefaltet. Für die Zehen wer-

den sie in die Runde _____, und dann

werden die ganzen Beine _____. Zum

Schluss können die Spitzen an der Rückenlinie etwa

7 mm weit _____ werden.

4 *Schreibe eine Bastelanleitung für den Schnappschnabel.*
  a) *Ergänze jeweils ein passendes Verb zu jeder Abbildung.*
  b) *Formuliere mit deinen Worten zu jeder Abbildung einen Arbeitsschritt aus. Wähle dafür die direkte Ansprache.*
  c) *Schreibe in dein Heft eine zusammenhängende Bastelanleitung für den Schnappschnabel. Denke daran, dass jemand deine Beschreibung auch dann verstehen muss, wenn er keine Abbildungen vor sich liegen hat.*

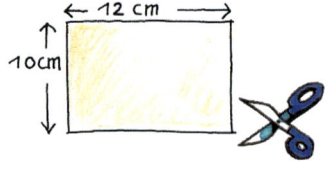 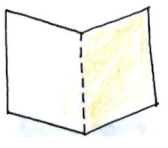  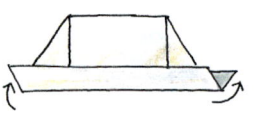

_____   *falzen*   _____   _____

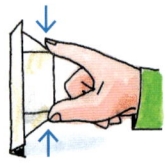   

TIPP

Um die einzelnen Schritte des Vorgehens deutlich zu machen, kannst du folgende Wörter verwenden: „anschließend", „zunächst", „zuerst", „danach", „jetzt", „schließlich", „als Nächstes", „nachdem", „im Anschluss daran", „hinterher", „zuletzt".

Wortarten

Eine Reihe von Wortarten ist dir bereits gut bekannt:
- **Nomen:** „Lüge", „Wahrheit"
- (bestimmte und unbestimmte) **Artikel:** „*die* Frau", „*ein* Mann"
- **Pronomen:** „*Er* hatte *seine* Arbeit bei der Post, *die* er nun schon *einige* Wochen ausübte, auf *diese* Stellenanzeige hin gefunden."
- **Verben:** „Manche *lügen*." „Sie *hat gelogen*."
- **Präpositionen:** „Sie trafen sich *auf* dem Postamt."
- **Adjektive:** „Das *dumme* Kind ist *nett*."
- **Adverbien** (Umstandswörter; Singular: das Adverb): „Ich lüge *ungern*."

1 *Unterstreiche im folgenden Text alle Verbformen blau, Nomen rot, Artikel grün und Pronomen schwarz.*

Die Geschichte von Frau Ehrlich, die immer die Wahrheit sagte

Frau Ehrlich konnte nicht lügen. Stets tat sie die Wahrheit kund. „Sie sehen aber elend aus", bedauerte sie zum Beispiel ihre Nachbarin und meinte obendrein: „Ihr Kanarienvogel singt übrigens furchtbar!" Wenn jemand sie einlud, konnte es vorkommen, dass sie stöhnte: „Ich hatte erst gar keine Lust zu diesem Besuch. Außerdem schmeckt mir der Kaffee bei Ihnen nicht." Dem Bürgermeister gegenüber äußerte sie einmal: „Sie haben nette Kinder. Schade, dass sie so dumm sind!"

Nun kann man sich vorstellen, dass die Leute von Frau Ehrlich nicht eben begeistert waren. Wer hört nicht lieber ein Kompliment? Selbst wenn er annehmen muss, dass es geschmeichelt ist? Einige fürchteten sie geradezu und gingen ihr aus dem Weg. Abgesehen von ihrer übertriebenen Ehrlichkeit war Frau Ehrlich aber eine nette Frau. Sie hatte ein freundliches Gesicht, war sportlich und trug modische Kleidung, die ihr gut stand.

TIPP

Adjektive sind steigerbar.
Adverbien bleiben unverändert.

2 *Adverb, Präposition oder Adjektiv? Bestimme jeweils die Wortart der unterstrichenen Wörter. Kürze ab: „Adv.", „Präp." und „Adj."*

Adrian Schüchtern, ein Postbeamter, verliebte sich sofort (_____) in sie. Wenn er sie auf (_____) dem Postamt erblickte, machte er große (_____) Augen. Was soll ich nur machen? dachte er immer wieder (_____). Wenn er weiter einen Bogen um Frau Ehrlich schlug, würden sie einander nie begegnen. Wenn er sich ein Herz fasste und ihr gegenübertrat, dann würde sie ihm glatt (_____) die Wahrheit sagen. Und diese Wahrheit konnte sich Herr Schüchtern allzu genau vorstellen. Er hörte sie förmlich (_____): „Sie tragen einen außerordentlich schlecht sitzenden Anzug", und: „Wissen Sie eigentlich, dass Sie viel zu unsportlich (_____) sind?" Am besten (_____) war es, er würde sie sich aus (_____) dem Kopf schlagen.

23

> **Konjunktionen** sind Wörter, die Sätze und Teile von Sätzen miteinander verknüpfen,
> z. B. „aber", „und", „weil", „denn", „als", „nachdem", „entweder ... oder", „obwohl".
> Dabei ist zwischen **nebenordnenden und unterordnenden Konjunktionen** zu unterscheiden.
> ☐ Nebenordnende Konjunktionen verbinden Wörter, Wortgruppen und Sätze, die grammatisch
>   gleichrangig sind.
>   „Manche Leute mochten Frau Ehrlich nicht, *denn* sie sagte stets die ungeschminkte Wahrheit."
>
> | Hauptsatz | + | nebenordnende Konjunktion | + | Hauptsatz |
>
> ☐ Unterordnende Konjunktionen binden einen Nebensatz an einen Hauptsatz.
>   „Herr Schüchtern verliebte sich, *als* er sie das erste Mal sah."
>
> | Hauptsatz | + | unterordnende Konjunktion | + | Nebensatz |

3 *Kreise die nebenordnenden Konjunktionen ein.*

Adrian Schüchtern stand abends in seinem Zimmer vor dem Spiegel, sah sich an und war traurig. Zur selben Zeit betrachtete sich Frau Ehrlich kritisch im Spiegel. Ich sehe
35 eigentlich ganz gut aus, aber vielleicht sollte ich mal wieder shoppen gehen oder zum Friseur, dachte sie. Und dann dachte sie an Herrn Schüchtern und seufzte. Vermutlich wäre das alles immer so weitergegangen oder sie hätten sich aus den Augen verloren. Aber eines Tages krachte es. 40

4 *Kreise nur die unterordnenden Konjunktionen ein.*

Frau Ehrlich verließ den Supermarkt mit einem voll beladenen Einkaufskorb, nachdem sie dem Verkäufer noch schnell gesagt hatte, dass der Kragen seines Kittels schmutzig sei. Sie bog mit einem Karton Eier in der Hand,
45 weil diese nicht mehr in den Korb gepasst hatten, um die Ecke, als Herr Schüchtern – bums – in sie hineinlief, sodass alle Eier zerbrachen. Frau Ehrlich meinte schroff: „Sie sind ein sehr ungeschickter Mensch!" „Ja", gab Herr Schüchtern zu. Er versuchte sie anzustrahlen, obwohl er 50 am liebsten im Boden versunken wäre. Obgleich er fürchtete, dass er nun herbe Kritik zu hören bekommen würde, schaute er sie erwartungsvoll an. „Aber sonst", fuhr Frau Ehrlich fort, sie wurde dabei etwas rot im Gesicht, „gefallen Sie mir sehr, weil Sie so schöne blaue Augen haben." Als Herr Schüchtern das hörte, fragte er sicherheitshal- 55 ber: „Ist das wahr?"

⭐ **5** *Fülle die Lücken mit passenden Konjunktionen.*

Und _____ ihm gleich einfiel, _____ Frau Ehrlich ja nie und nimmer lügen konnte, wartete er die Antwort nicht ab. Er nahm sie bei der Hand
60 _____ ging mit ihr davon. Die kaputten Eier tropften eine gelbe Spur hinter ihnen her, _____ es aussah _____ habe jemand Butterblumen gestreut. „Allerdings" sagte Frau Ehrlich, _____ sie ein Stück weit gegangen waren, „tragen Sie einen außerordentlich schlecht sitzenden Anzug." _____ da 65 drückte Herr Schüchtern – nun gar nicht mehr schüchtern – ihre Hand noch fester _____ lachte.

24

Verben: Der Gebrauch der Tempora

Verben sagen uns, wann etwas passiert. Sie lassen sich in verschiedene Zeitformen (Tempora, Singular: Tempus) setzen.

- Das **Präsens** drückt die Gegenwart einer Handlung oder eines Geschehens aus:
  „Die Uhr *geht vor*." (Infinitiv: vorgehen)
  - Im Präsens stehen auch Aussagen, die immer gelten oder gültig sein sollen.
    „Die Sonne *geht* im Osten *auf*." (Infinitiv: aufgehen)
  - Manchmal wird es auch gebraucht, um etwas Zukünftiges auszudrücken. Dabei verwendet man häufig Zeitangaben wie „morgen", „nächste Woche" ...
    „*Morgen gehe ich* zum Uhrmacher." (Infinitiv: gehen)
- Das **Futur I** drückt etwas Zukünftiges aus:
  „Ich *werde* zum Geburtstag eine Taucheruhr *bekommen*." (Infinitiv: bekommen)
- Das **Futur II** drückt etwas in der Zukunft Abgeschlossenes aus:
  „Bis zwölf Uhr *werde* ich alles *erledigt haben*." (Infinitiv: erledigen)

Kennst du den Roman „Momo" von Michael Ende? Das elternlose Mädchen Momo lebt in der Ruine eines alten Amphitheaters. Dort bekommt sie Besuch von Freunden und bringt sie dazu, die Zeit zu vertrödeln. Da tauchen ein paar graue Herren auf, die allen Menschen die Zeit stehlen wollen. Aber: Zeit ist Leben. Schließlich kann Momo mit Hilfe des geheimnisvollen Meisters Hora und der Schildkröte Cassiopeia die Zeit der Menschen retten. Vorher muss sie aber noch ein Rätsel lösen.

1 a) *Markiere alle Personalformen des Präsens. Bilde die Infinitive und schreibe sie unter das Rätsel.*
Achtung: Bei einigen Verben gehört der Verbzusatz als Bestandteil eines zusammengesetzten Verbs zum Infinitiv!
b) *Es gibt eine einzige Verbform, die im Futur I steht. Wirst du sie finden?*

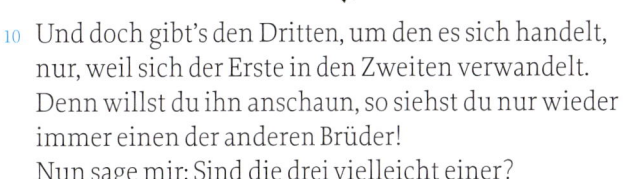

Michael Ende

Cassiopeias Rätsel

Kannst du das Rätsel auch lösen?
„Drei Brüder wohnen in einem Haus,
die sehen wahrhaftig verschieden aus,
doch willst du sie unterscheiden,
5 gleicht jeder den anderen beiden.
Der Erste ist nicht da, er kommt erst nach Haus.
Der Zweite ist nicht da, er ging schon hinaus.
Nur der Dritte ist da, der Kleinste der drei,
denn ohne ihn gäb's nicht die anderen zwei.

10 Und doch gibt's den Dritten, um den es sich handelt,
nur, weil sich der Erste in den Zweiten verwandelt.
Denn willst du ihn anschaun, so siehst du nur wieder
immer einen der anderen Brüder!
Nun sage mir: Sind die drei vielleicht einer?
15 Oder sind es nur zwei? Oder ist es gar – keiner?
Und kannst du, mein Kind, ihre Namen mir nennen,
so wirst du drei mächtige Herrscher erkennen.
Sie regieren gemeinsam ein großes Reich –
und sind es auch selbst! Darin sind sie gleich."

Lösung des Rätsels: _____

können, aussehen _____

_____

_____

_____

_____

> Für die **Darstellung von Vergangenem** benutzt man unterschiedliche Tempora:
> ☐ Beim mündlichen Erzählen verwendet man meist das **Perfekt:**
> „Ich *habe* gestern etwas Tolles *erlebt!*", erzählt der Kurfürst."
> ☐ Beim schriftlichen Berichten und Erzählen ist überwiegend das **Präteritum**
> gebräuchlich (man nennt es deshalb auch das Erzähltempus):
> „Als der Kurfürst zum Mittagessen *kam, erzählte* er von einem lustigen Erlebnis."
> ☐ Wenn du auch noch die Vorgeschichte mitteilen willst, gebrauchst du das
> **Plusquamperfekt** (Tempus der Vorzeitigkeit): „Nachdem der Kurfürst seine
> Geschichte *beendet hatte,* musste die gesamte Mittagsgesellschaft schallend lachen."
> Beachte: Manche Tempusformen sind zweiteilig.

Anekdote

Ein frecher Schelm

Am späten Nachmittag schritt der Kurfürst in Schloss Benrath durch die Empfangshalle und begegnete einem Handwerker, der auf einer hohen Leiter stand und sich bemühte, an eine wertvolle Wanduhr heranzureichen.
5 Die Leiter aber rutschte auf dem spiegelglatten Parkettboden immer weg. Der Handwerker stürzte beinahe in die Tiefe. Der Kurfürst sprach ihn freundlich an: „Was machen Sie da?" Daraufhin antwortete jener: „Ich bin der Hofuhrmacher. Man hat mir die Reparatur der Uhr befohlen. 10 Nun will ich sie abnehmen, aber die Leiter hält nicht recht." „So steigen Sie nur hinauf, ich werde die Leiter halten", bot da der Kurfürst an. Schnell hatte der Handwerker die Wanduhr abgenommen, nahm sie unter den Arm und stieg die Leiter hinunter. Dann verneigte er sich, bedankte sich artig und ging zügigen Schritts von dannen. Der Kur- 15 fürst freute sich, dass er jemandem geholfen hatte.

Am anderen Morgen erhielt er die schriftliche Nachricht, dass die Wanduhr aus dem Empfangssaal verschwunden war. Dem Kurfürst ging ein Licht auf: Er hatte nicht dem Hofuhrmacher, sondern einem Dieb die Leiter gehalten. 20 Dieser Mensch war recht dreist gewesen. An den Rand des Schriftstückes machte er die Notiz: „Zu den Akten!" Denn schließlich hatte er ja selbst die Leiter gehalten und sich – wenn auch unfreiwillig – zum Komplizen gemacht.

2 *Unterstreiche die verschiedenen Tempora mit unterschiedlichen Farben.*

3 *Lege dir im Heft eine Tempustabelle an (am besten legst du das Heft quer).*
Trage mindestens zehn verschiedene Verbformen, die im Text vorkommen, dort ein und ergänze die fehlenden Formen.
HINWEIS: Von einigen Verben gibt es im Text gleich mehrere Zeitformen. Manchmal ändert sich nur die Personalform.
Trage sie in dieselbe Tabellenzeile ein. Bleibe in der Personalform, wie sie im Text vorkommt.

Infinitiv	Präsens	Präteritum
schreiten	*er schreitet*	*er schritt*
...	*...*	*...*

Perfekt	Plusquamperfekt	Futur
er ist geschritten	*er war geschritten*	*er wird schreiten*
...	*...*	*...*

Wortbildung: Zusammensetzung

Fügt man zwei oder mehr Wörter zusammen, so nennt man diese Art der Wortbildung **Zusammensetzung** (Kompositum).
Man kann Wörter aus Nomen, Adjektiven, Verben und Präpositionen zusammensetzen.
Fugenelemente können die Wörter verbinden, z.B.: „e", „en", „es", „n", „r", „s".

Wort	+ Fugenelement	+ Wort	= zusammen- gesetztes Wort	Wortarten
„Hals-"		„Tuch"	„Halstuch"	Nomen + Nomen
„Kleidung"	„s-"	„Stück"	„Kleidungsstück"	Nomen + Nomen
„Hauch-"		„dünn"	„hauchdünn"	Nomen + Adjektiv
„über-"		„ziehen"	„überziehen"	Präposition + Verb

1 *Sammle zusammengesetzte Wörter und schreibe sie auf. Achte auf die Groß- und Kleinschreibung.*

Nomen + Nomen = **Nomen**

Knie + Strumpf = Kniestrumpf

Verb + Nomen = **Nomen**

turn(en) + Schuh = Turnschuh

Adjektiv + Nomen = **Nomen**

kalt + Front = Kaltfront

Präposition + Verb = **Verb**

an + kleiden = ankleiden

Nomen + Adjektiv = **Adjektiv**

Eis + kalt = eiskalt

Adjektiv + Adjektiv = **Adjektiv**

bitter + kalt = bitterkalt

> Die Teile einer Zusammensetzung nennt man **Grundwort** und **Bestimmungswort.**
> Das Grundwort steht immer an letzter Stelle, es enthält den Grundbegriff, der durch das Bestimmungswort näher bestimmt wird.
>
> | zusammengesetztes Wort | Grundwort | Bestimmungswort |
> |---|---|---|
> | „Ein *Armband* ist | ein *Band,* | das man am *Arm* trägt." |
> | „Ein *Geschenkband* ist | ein *Band,* | mit dem man *Geschenke* verziert." |
>
> Bestimmungswörter sind wichtig, um etwas möglichst genau zu bezeichnen.
> Das Bestimmungswort verstärkt die Bedeutung des Grundwortes:
> Ein „Band" kann vieles sein: „Stirnband", „Videoband", „Halsband", „Gummiband" …

2 *Schreibe möglichst viele Zusammensetzungen mit dem Grundwort „Tasche" auf.*

Jackentasche,

3 *Setze das Wortkettenspiel fort.*

Handschuh, Schuhschrank, Schranktür,

Dasselbe oder nicht?

4 *Erkläre die Zusammensetzungen und unterstreiche das Bestimmungswort.*

Ein Fingerring   *ist ein Ring, den man am Finger trägt.*

Ein Ringfinger   *ist*

Ein Haushund

Ein Hundehaus

Eine Heckenrose

Eine Rosenhecke

Wortbildung: Ableitung

Viele Wörter bestehen aus mehreren Wortbausteinen. Der bedeutungstragende Kern heißt **Stamm.**
Die angefügten Elemente nennt man **Präfix** (vor dem Stamm) und **Suffix** (nach dem Stamm).
Fügt man an einen Wortstamm Präfixe oder Suffixe an, so nennt man diese Art der Wortbildung **Ableitung**.
Dabei kann sich die Wortart ändern.

Präfix	+ Stamm	+ Suffix	= abgeleitetes Wort
	„lös"	„-en"	„lösen" (Verb)
	„Lös"	„-ung"	„Lösung" (Nomen)
„un-"	„lös"	„-bar"	„unlösbar" (Adjektiv)

Hans Manz

Was soll man mit dem verflixten UN-
am besten tun?
Nun:
Vom GLÜCK _____
5 vom FALL _____
vom WETTER _____

vom RAT _____
soll man's verjagen.
Für den GEHORSAM jedoch _____
10 sollte man's immer
bei sich tragen.
Wer weiß, wann man's braucht!

1 a) Schreibe in die Zeilen neben das Gedicht die Nomen mit dem Präfix „Un-".
   b) Wie verändert sich die Bedeutung von Wörtern, wenn sie mit „un-" beginnen?

_____

_____

2 Bilde um die Wortstämme in der Mitte durch Ableitung möglichst viele Wörter.
   Trage sie nach Wortarten geordnet in die Tabelle ein.

ent-   ver-   zer-   un-   **Glück**   **Fall**   -sam   -lich   -ig   -haft

ge-   be-   er-   miss-   **Rat**   -en   -er   -keit   -ung

	Nomen	Adjektive	Verben
Glück	Unglück, _____	_____	_____
Fall	_____	_____	_____
Rat	_____	_____	_____

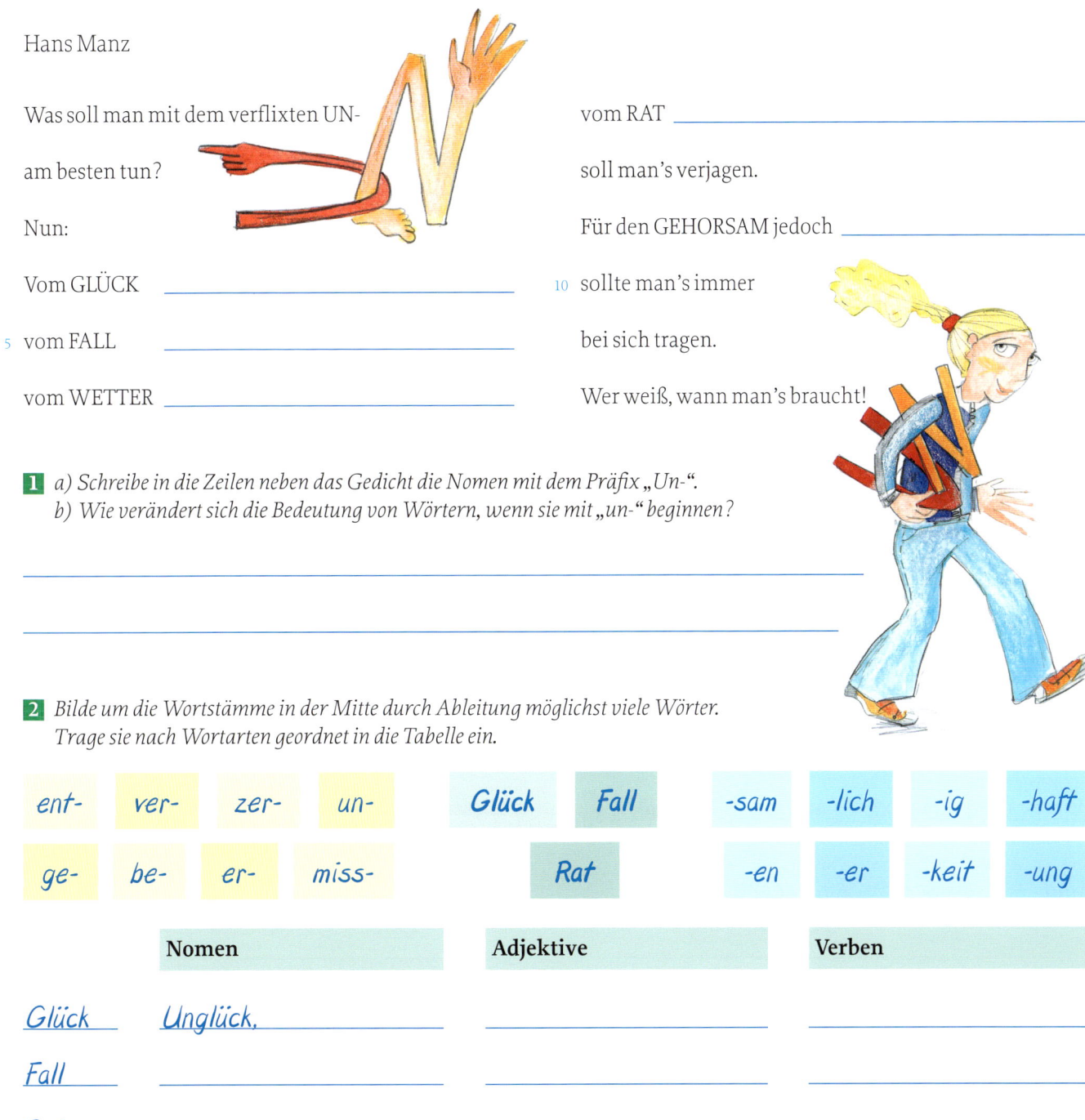

Grammatik

Nomen bilden

Mit den Suffixen „-ung", „-heit", „-keit/-igkeit", „-nis", „-schaft", „-tum" kannst du aus Adjektiven und Verben Nomen bilden, z. B.: „schön" + „-heit" = „Schönheit", „wag(en)" + „-nis" = „Wagnis".
Nomen schreibt man groß.

3 *Schreibe Adjektive auf und bilde mit passenden Suffixen Nomen.*

Adjektiv + Suffix	= Nomen
sicher + heit	= Sicherheit
fest +	=

Adjektiv + Suffix	= Nomen

4 *Schreibe Verben auf und bilde mit passenden Suffixen Nomen.*

Verb + Suffix	= Nomen
stell(en) + ung	= Stellung
bild(en) +	=

Verb + Suffix	= Nomen

 Adjektive bilden

Mit den Suffixen „-ig", „-lich", „-isch", „-haft", „-sam", „-bar" kannst du aus einem Wortstamm Adjektive bilden. Adjektive schreibt man klein.
Ein Hinweis zu „-ig" und „-lich": Ob das Suffix richtig geschrieben ist, kannst du hören, wenn du das Wort verlängerst (▷ S. 77): „sport**lich** – sport**liche** Kinder", „traur**ig** – traur**ige** Kinder".

5 *Bilde aus den Wortstämmen mit passenden Suffixen Adjektive und ergänze ein Nomen. Trage beides in die folgende Tabelle ein.*

~~kind~~   dreh   mut   wach   freud   freund   neid   spar

Wortstamm + Suffix	= Adjektiv (+ Nomen)
kind -isch	kindisches Spiel

Wortstamm + Suffix	= Adjektiv (+ Nomen)

Wortfamilie

Wörter mit dem **gleichen Stamm** sind sprachlich verwandt und werden deshalb **Wortfamilie** genannt.
Die Wörter einer Wortfamilie gehören verschiedenen Wortarten an und können gebildet werden durch
- **Zusammensetzungen:**
  „**ab**drucken" – „**Auf**druck" – „Druck**schrift**"
- **Ableitungen:**
  - Präfixe: „**ge**rufen" – „**Be**ruf" – „**ver**rufen"
  - Suffixe: „klein**lich**" – „Klein**igkeit**"
Bei Ableitungen kann aus den Stammlauten ein
Ablaut oder ein Umlaut werden.
Umlaut: „kr**a**nk" – „kr**ä**nklich" – „Kr**ä**nkung"
Ablaut: „f**a**hren" – „F**u**hre"

1 *Sortiere die folgende Wortfamilie nach Wortarten.*

| stehen | Stehlampe | entstehen | standhaft | Missverständnis | anständig | bestehen |

| Standpunkt | umständlich | Handstand | verstehen | Frühaufsteher | verständnisvoll |

Nomen: _____

Adjektive: _____

Verben: _____

2 *Ergänze folgende Stämme durch Zusammensetzungen und Ableitungen zu Wortfamilien und sortiere sie ein.*

	Nomen	Adjektive	Verben
les	_____	_____	*ablesen,* _____
	_____	_____	_____
bild	_____	*bildschön,* _____	_____
	_____	_____	_____

☆ **3** *Je drei Wörter gehören zu einer Wortfamilie. Ordne sie einander zu.*

| frostig | friedlich | Freundin | Friedhof | Freude | erfreulich |

| unfreundlich | freuen | Frost | Friedenspfeife | befreunden | frieren |

1. _____

2. _____

3. _____

4. _____

Wortfeld

! Eine Gruppe von **sinnverwandten Wörtern** bildet ein **Wortfeld.**
Wörter mit fast gleicher Bedeutung heißen **Synonyme**, z.B.: „klagen" – „jammern".

Ja, sag mal …

„Ja, sag mal, wie sieht es hier denn aus?", sagte Frau Tufte. „Keine Sorge, ich räume sofort auf", sagte ihr Sohn Tom. Er hatte gesagt, dass er Kuchen backen wolle, und nun sah die Küche furchtbar aus. „Ach je, die ganze Arbeitsplatte ist verdreckt!", sagte Frau Tufte. „Wie willst du das nur wieder sauber bekommen?", sagte sie. Tom sagte darauf nichts. „Sage es mir!", sagte seine Mutter streng. „Ich fange sofort an! Wo sind die Lappen?", sagte er und legte mit dem Aufräumen los.

1 *In dem Text wird das Verb „sagen" viel zu häufig eingesetzt. Dadurch wirkt er eintönig.*
Sammle Verben rund um das Wortfeld „sagen":

a) eine Antwort geben: _____

b) eine Frage stellen: _____

c) etwas streng sagen: _____

d) etwas deutlich sagen: _____

e) etwas unter Tränen sagen: _____

f) ein Versprechen geben: _____

TIPP

Wer die verschiedenen Wörter eines Wortfelds kennt und richtig einsetzt, kann beim Schreiben oder Sprechen unterschiedliche Wirkungen erzielen und vor allem sehr genau beschreiben.

2 *a) Schreibe den vorangegangenen Text in dein Heft und ersetze das Verb „sagen" dort, wo es sinnvoll ist, durch treffendere Verben.*
b) Setze das Gespräch fort und nutze dabei möglichst viele verschiedene Wörter aus dem Wortfeld „sagen".

3 *Schreibe je zwei synonyme Wörter auf.*

gehen	schlagartig	essen

klug		lügen

Satzglieder erkennen und bestimmen

Ein Satz setzt sich aus verschiedenen **Satzgliedern** zusammen, zum Beispiel Subjekt, Prädikat, Objekt. Durch die **Umstellprobe** kannst du prüfen, welches Wort oder welche Wörter gemeinsam ein Satzglied bilden. Prüfe: Lässt sich ein Teil eines Satzes umstellen, ohne den Sinn des Satzes zu verändern? Die Wörter, die bei der Umstellprobe zusammenbleiben, gehören zu einem Satzglied.

| Die ersten Kriminalerzählungen | entstanden | im 18. Jahrhundert. |

Umstellprobe: | Im 18. Jahrhundert | entstanden | die ersten Kriminalerzählungen. |

1 *Führe die Umstellprobe durch und umkreise die verschiedenen Satzglieder.*

Im 18. Jahrhundert wurde (die Folter) abgeschafft.

Umstellprobe: *Die Folter* _____

Justiz und Polizei wollten Geständnisse nicht mehr erzwingen.

Umstellprobe: _____

Zur Überführung des Täters zogen sie Indizien und Beweise heran.

Umstellprobe: _____

Dem Schuldigen wollte man einen gerechten Prozess machen.

Umstellprobe: _____

Die meisten Täter hofften auf ein mildes Urteil.

Umstellprobe: _____

Kern des Satzes ist das **Prädikat.** Es wird immer von einem Verb gebildet, das auch mehrteilig sein kann (Prädikatsklammer):
„Sie *zogen* Indizien und Beweise *heran*." (Infinitiv: „heranziehen")
„Der Richter *wollte* nichts mehr davon *hören*." (Infinitiv: „hören wollen")

2 *Unterstreiche die Prädikate und schreibe die dazugehörigen Infinitive auf.*

Das Vorgehen von Polizei und Justiz hat das Lesepublikum interessiert. *interessieren* _____

Auch die Motive eines Verbrechers wollte die Leserschaft kennen lernen. _____

So wendeten sich Dichter Geschichten um Schuld und Verbrechen zu. _____

Friedrich Schiller schrieb die Novelle „Der Verbrecher aus verlorener Ehre". _____

> Vom Prädikat ausgehend, kannst du durch verschiedene **Satzgliedfragen** auch die weiteren Satzglieder bestimmen. Man nennt dies auch die **Fragenprobe**.
>
> 1. Frage nach dem **Subjekt** des Satzes:
>   *„Wer oder was* wurde abgeschafft?"   *„Die Folter* wurde abgeschafft."
>
> 2. Frage nach dem **Akkusativobjekt** des Satzes:
>   *„Wen oder was* zogen sie hinzu?"   *„Sie zogen Indizien und Beweise* hinzu."
>
> 3. Frage nach dem **Dativobjekt** des Satzes:
>   *„Wem* wurde der Prozess gemacht?"   *„Dem Schuldigen* wurde der Prozess gemacht."
>
> 4. Frage nach dem **Präpositionalobjekt** des Satzes:
>   *„Worauf* hofften die meisten Täter?"   *„Die meisten Täter hofften auf ein mildes Urteil."*
>   Hinweis: Das Präpositionalobjekt gehört zum Verb, hier: „hoffen auf etwas".

3 *a) Unterstreiche in jedem Satz das Prädikat.*
b) Bestimme alle weiteren Satzglieder, indem du die Fragenprobe durchführst. Schreibe deine Ergebnisse auf.

Eine Kriminalgeschichte erzählt die Vorgeschichte eines Verbrechens, die Tat, die Suche nach dem Täter und die Bestrafung.

1. Subjekt (Wer oder was erzählt die Vorgeschichte?): eine Kriminalgeschichte,

Detektivromane beruhen auf der Aufdeckung der Tat.

Der Leser begleitet einen cleveren Detektiv oder eine schlaue Detektivin.

Dem Detektiv wurde ein Auftrag erteilt.

Er forscht nach dem Täter.

Die adverbialen Bestimmungen

Um eine Straftat aufzuklären, benötigt die Polizei genaue **Angaben,** die die näheren Umstände der Situation betreffen, z.B. die Tatzeit, den Tatort, den Tathergang, das Tatwerkzeug, die Opfer, mögliche Zeugen und natürlich den Täter selbst.

In diesem Zusammenhang werden Fragen gestellt wie „Wann?", „Wo?", „Wie?", „Womit?", „Warum?" usw. Satzglieder, die auf diese Fragen Antworten geben, nennt man adverbiale Bestimmungen.

Wir unterscheiden:

- ☐ **adverbiale Bestimmung der Zeit** (temporal):
  „*Wann* geschah die Tat?" „Sie geschah *am Freitag, dem 11. 2. 2005.*"
  (Weitere Fragemöglichkeiten: „Seit wann?", „Wie lange?")
- ☐ **adverbiale Bestimmung des Ortes** (lokal):
  „*Wo* ereignete sich die Tat?" „Sie ereignete sich *an der Tankstelle Bleifreistraße.*"
  (Weitere Fragemöglichkeiten: „Woher?", „Wohin?")
- ☐ **adverbiale Bestimmung des Grundes** (kausal):
  „*Warum* wurde die Tat begangen?" „Sie wurde *aus Habgier* begangen."
- ☐ **adverbiale Bestimmung der Art und Weise** (modal):
  „*Wie* wurde die Tat verübt?" „Sie wurde *mit einem Messer* verübt."
  (Weitere Fragemöglichkeiten: „Womit?")

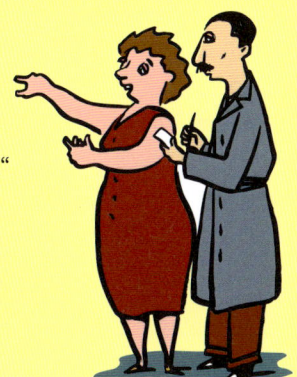

„Gorilla" überfällt Videothek <u>an Weiberfastnacht</u>

Wann? adverb. Best. der Zeit

Polizei: Räuber trugen Karnevalsmasken

Maskierte Menschen fallen während des Karnevals nicht auf. So auch

nicht die drei Männer, die an Weiberfastnacht kurz vor 22 Uhr in der

Dottendorfer Straße eine Videothek betraten. Nach Feiern war dem Trio

aber nicht, was dem Angestellten spätestens dann klar wurde, als er mit

5 einer Pistole bedroht und Geld gefordert wurde. Angesichts dieser Bedro-

hung händigte der Mitarbeiter den Maskierten mehrere hundert Euro aus.

Darüber hinaus packten sie zügig einen DVD-Player und eine Spielekon-

sole in Rucksäcke ein. Schließlich fesselten sie dem Opfer brutal die Hän-

de und flüchteten nach Zeugenaussagen in Richtung Marktplatz. Die Tä-

10 ter sollen etwa 25 Jahre alt und bis zu 1,80 Meter groß sein. Die

Karnevalsmaske des einen hatte eine Glatze und eine lange Nase, die des

anderen zeigte einen dunklen Gorilla. Die Maske des Dritten konnte auf-

grund der schlechten Lichtverhältnisse nicht genau beschrieben werden.

Wegen der lückenhaften Beschreibung erbittet die Kripo weitere Hinwei-

15 se auf die Täter.

1 a) Markiere in dem Zeitungsartikel die adverbialen Bestimmungen.
b) Schreibe die jeweiligen Satzgliedfragen daneben und bestimme die Funktion der adverbialen Bestimmungen.

2 Verfasse einen Zeitungsartikel über einen Überfall auf eine Tankstelle, indem du Angaben aus dem Merkkasten benutzt. Erfinde weitere Informationen und eine passende Überschrift. Schreibe in dein Heft.

Teste dich! – Adverbiale Bestimmungen

1 *Füge die passenden adverbialen Bestimmungen in den folgenden Zeitungsartikel ein.*

Fichtental: In der Cornelia-Funke-Schule springt der Funke über

_____ ist   funden. Eine weithin sichtbare Rauchsäule wälzte sich 10

gestern die Aula der Cornelia-Funke-Schule   am Himmel _____ .

niedergebrannt. _____   _____ wurden

_____ war das Feuer _____   die Anwohner _____ aufgefor-

5 _____ ausgebrochen.   dert, Türen und Fenster geschlossen zu halten.

_____

konnte sich das Feuer rasch ausbreiten. _____

_____ hatte _____

_____ eine Feier mit mehr als 600 Gästen stattge-

Im Stadtteil Fichtental	_gestern_	_Wegen eines starken Funkenflugs_
in der Aula	_am Nachmittag_	_dort_	_Aus noch nicht geklärter Ursache_
nachdrücklich	_Per Durchsage_	_in Richtung Kiefernbusch_	_Noch am Vormittag_

2 *Stelle die Satzgliedfragen und benenne die adverbialen Bestimmungen.*

Cornelia-Funke-Schule ist das Opfer von Brandstiftung

Die Aula der Cornelia-Funke-Schule, die in der Nacht   abgeriegelt, die Experten nahmen gestern in den

zu Mittwoch _(wann?_ _____   frühen Morgenstunden (_____ 10

_____) niederbrannte, wurde ange-   _____) ihre Ermittlungen in Sachen

zündet. Ob Vorsatz oder Fahrlässigkeit im Spiel war,   Brandstiftung auf. Die Polizei fragt, wer gegen 15 Uhr

5 wird mit großer Sorgfalt (_____   (_____) am Don-

_____) zu klären sein. Beamte der   nerstag in der Nähe der Schule (_____

Kriminalwache hatten den Brandort noch in der Nacht   _____) Verdächtiges 15

(_____)   beobachtete.

36

TIPP

Weglassprobe oder Erweiterungsprobe

Indem du die adverbialen Bestimmungen weglässt, kannst du prüfen, welche Satzglieder in einem vollständigen Satz notwendig sind. Dieses Verfahren nennt man die **Weglassprobe.** Der erste Satz aus dem folgenden Artikel heißt dann z. B.: „Die Stadt Hamburg beschäftigt Müll-Detektive."

Indem du andere oder zusätzliche adverbiale Bestimmungen einsetzt, kannst du anschaulicher und genauer informieren oder den Sinn eines Satzes verändern (= **Erweiterungsprobe**), z. B.: „Die Stadt Hamburg beschäftigt *seit gestern* Müll-Detektive *wegen wilder Müllkippen*."

Manchmal stinkt's ihnen 🐜🐜🐜🐜🐜🐜🐜🐜🐜🐜 Müll-Detektive in Hamburg

Die Stadt Hamburg beschäftigt seit einiger Zeit bei ihrer Stadtreinigung Müll-Detektive wegen verbotener Müllentsorgung. Einige Bürger und Bürgerinnen laden ihren Hausmüll nach Partys aus Kostengründen in Containern am Stadtrand ab. Für größere Hausmülltonnen oder den Kauf von besonderen Müllsäcken wollen sie kein Geld ausgeben. Diese Art der Abfallentsorgung ist illegal, d. h., sie steht unter Strafe. Die Müll-Fahnder suchen in den Containern Beweise, um die Täter zu überführen. In glücklichen Fällen finden sie einen Adressaufkleber oder Briefkopf. Manchmal gibt es auch Zeugen, die aus Weitsicht ein Autokennzeichen aufgeschrieben haben. Meistens wird der Hausmüll mit einem privaten Pkw zu den Abladestellen transportiert. Die Müll-Detektive machen mit ihrer Digitalkamera Beweisfotos. Sie suchen die möglichen Übeltäter auf und stellen sie wegen der Verdachtsgründe zur Rede. Die Fahnder erwarten, dass alles abgestritten wird. Viele behaupten dreist, es sei nicht ihr Müll. Oder sie sagen treuherzig, aus reiner Unwissenheit hätten sie den Müll dort abgeladen. Häufig liegen genug Beweise vor, sodass der Umweltsünder umgehend eine hohe Rechnung bekommt.

3 a) Unterstreiche im Text die adverbialen Bestimmungen.
   b) Ordne sie den folgenden Angaben zu.

Zeitangaben/adverbiale Bestimmung der Zeit: „Wann?", „Seit wann?", „Wie lange?"

Manchmal, _____

Ortsangaben/adverbiale Bestimmung des Ortes: „Wo?", „Wohin?", „Woher?"

_____

Angaben des Grundes/adverbiale Bestimmung des Grundes: „Warum?"

_____

Angaben der Art und Weise/adverbiale Bestimmung der Art und Weise: „Wie?", „Womit?"

_____

4 a) Führe beim zweiten Satz die Weglassprobe durch.

_____

   b) Führe mit diesem Satz die Erweiterungsprobe durch. Schreibe in dein Heft.

> Angaben zu näheren Umständen gibt es in unterschiedlichen sprachlichen Formen.
> Die Frage „Wo?/Wohin?" kann z. B. beantwortet werden durch
> ☐ eine **adverbiale Bestimmung:** „Sie transportierten den Abfall *auf eine illegale Müllkippe.*" (Wortgruppe mit Präposition)
> „Der Mülltransport ging *dorthin.*" (**Adverb** = einzelnes Wort, das sich nicht beugen lässt)
> ☐ einen **Adverbialsatz** (▷ S. 47): „Sie deponierten den Abfall an einer Stelle, *wo Müllabladen verboten ist.*"
> (ein Nebensatz an der Stelle einer adverbialen Bestimmung)

Aus Gründen des Umweltschutzes – Mülltrennung

Seit einigen Jahren gibt es in vielen Städten verschiedene Wertstofftonnen: Blaue Tonnen sind für Papier, grüne für Biomüll und gelbe für Kunststoffe. Aus Gründen des Umweltschutzes ist Mülltrennung wichtig. Termine für
5 die Sperrmüllabfuhr kann man im Abfallplaner nachlesen, der an alle Haushalte verteilt wird. Alle Gefäße, Sperrmüll und ausgediente Weihnachtsbäume dürfen erst morgens am Abfuhrtag am Straßenrand bereitgestellt werden. Weihnachtsbäume werden im Januar am Tag der
10 Bioabfuhr abgeholt.

5 *Erfrage die im vorangegangenen Text unterstrichenen adverbialen Bestimmungen. Schreibe ins Heft.*

Warum wird Müll getrennt? aus Gründen des Umweltschutzes (= adverbiale Bestimmung

des Grundes)

6 *a) Markiere im folgenden Text die Angaben zu näheren Umständen.*

Umweltschutz – deshalb Mülltrennung, lieber Müllvermeidung!

Probeweise solltest du so viel Müll vermeiden, wie es eben geht. Sonst werden die Müllgebühren weiter steigen und die Müllberge anwachsen. Du kannst dein Pausenbrot in Brotdosen mit in die Schule nehmen. Getränke können in
5 wiederverwendbare Trinkgefäße abgefüllt werden. Papier solltest du möglichst auf beiden Seiten beschriften und es in die blauen Tonnen entsorgen, damit es wiederverwendet werden kann. Hast du weitere Ideen? Wo größere Mülldeponien geplant sind, können dann vielleicht Parkanlagen gebaut werden. 10

b) Bestimme die sprachliche Form der Angaben zu näheren Umständen und ordne sie in die nachfolgende Übersicht ein.

Wortgruppe mit Präposition:

Adverb: *deshalb*

Adverbialsatz:

Das Attribut

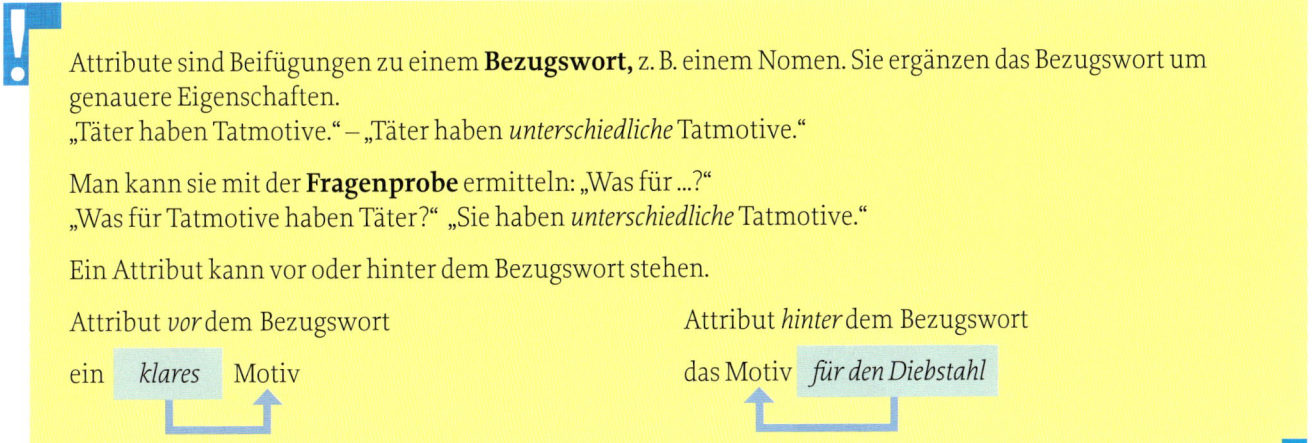

Attribute sind Beifügungen zu einem **Bezugswort,** z. B. einem Nomen. Sie ergänzen das Bezugswort um genauere Eigenschaften.
„Täter haben Tatmotive." – „Täter haben *unterschiedliche* Tatmotive."

Man kann sie mit der **Fragenprobe** ermitteln: „Was für …?"
„Was für Tatmotive haben Täter?" „Sie haben *unterschiedliche* Tatmotive."

Ein Attribut kann vor oder hinter dem Bezugswort stehen.

Attribut *vor* dem Bezugswort

ein   *klares*   Motiv

Attribut *hinter* dem Bezugswort

das Motiv   *für den Diebstahl*

1 *Erläutere genauer: „Was für Motive haben Täter für ihre Straftaten?"*
Füge einem der folgenden Bezugswörter ein sinnvolles Attribut bei.

Bezugswörter			
Habgier	Kummer	Schulden	Rache
Verzweiflung	Eifersucht	~~Neid~~	Mutprobe

Attribute			
in Millionenhöhe	~~pur~~	krankhaft	erbittert
ohne Grenzen	furchtbar	aus Liebe	waghalsig

Mögliche Motive für Straftaten:

purer Neid,

2 a) *Bilde Schlagzeilen für eine Tageszeitung. Du kannst auch folgende Straftaten als Bezugswörter auswählen.*
Füge Attribute hinzu und schreibe die vollständige Wendung auf.

Raub   Brandstiftung   Totschlag   Entführung   Körperverletzung   Erpressung

b) *Unterstreiche die Attribute und zeichne Pfeile ein, die auf das Bezugswort hinweisen.*

Kaltblütiger Mord aus Eifersucht.

Teste dich! – Attribute erkennen und zuordnen

Besonders in der Werbung sind Attribute von Bedeutung. In einem Werbeprospekt speziell für Detektive findest du tolle Angebote.

3 *Umrahme die Attribute und mache mit Pfeilen das Bezugswort deutlich.*

4 *Suche werbewirksame Attribute für folgende Bezugswörter.*

Handy   Taschenlampe   Armbanduhr   Webcam   Sportwagen   Lederkappe   Handschuhe

Attribute unterscheiden

Attribute haben sehr unterschiedliche Formen. Häufig kommen vor:
- **Adjektivattribut,** gebildet aus einem Adjektiv oder einem adjektivisch gebrauchten Partizip:
  „die *clevere* Detektivin", „der *spannende* Krimi";
- **präpositionales Attribut,** gebildet aus Präposition und Nomen:
  „Detektivfiguren *im Kinder- und Jugendkrimi*";
- **Genitivattribut,** gebildet aus einem Nomen im Genitiv:
  „die zweitgrößte Privatdetektivin *der Welt*";
- **Apposition,** gebildet aus einem Nomen im gleichen Kasus (Fall) wie das Bezugswort, mit Komma abgetrennt: „Micki Hammer, *die Meisterdetektivin,* ist ein Vorbild."

Leseempfehlungen für Spürnasen!

Astrid Lindgren: Kalle Blomquist
Kalle Blomquist lebt in einer langweiligen Kleinstadt, wo es für ihn, den Meisterdetektiv, wirklich nichts zu tun gibt. Trotzdem hält er Augen und Ohren offen. Und dann kommt sein großer Fall. Die Lösung des Falles macht ihn berühmt.

Andreas Steinhöfel: Beschützer der Diebe
Aus Spaß am Observieren verfolgen Guddie, Dags und Olaf x-beliebige Passanten in der Innenstadt Berlins. Doch der Herr im hellgrauen Anzug, dem Guddie nachspürt, wird plötzlich Opfer einer Entführung. Die drei wollen der Sache nachgehen. Ein rätselhafter Zettel bringt sie schließlich auf eine brisante Spur.

Alfred Weidenmann: Gepäckschein 666
Ein spektakulärer Bankraub wird verübt, und zwar unter den Augen der Öffentlichkeit, denn der dreiste Überfall der Räuber wird als Aufnahme eines Filmteams getarnt. Peter und Emil, die beiden Freunde, gehören zur Bande der Schuhputzjungen und werden Zeugen des Überfalls. Zufällig haben sie eine heiße Spur.

5 *Ordne die unterstrichenen Attribute aus den Leseempfehlungen in die Tabelle ein.*

Adjektivattribut	präpositionales Attribut	Genitivattribut	Apposition
		des Falles,	

!

Das Attribut ist immer **Teil eines Satzgliedes,** also kein selbstständiges Satzglied. Es bleibt bei der **Umstellprobe** immer fest mit seinem Bezugswort verbunden:

	Bezugswort	Genitivattribut	
„In Kinderkrimis steht häufig	*eine Gruppe*	**junger Detektive**	im Vordergrund."
„Häufig steht in Kinderkrimis	*eine Gruppe*	**junger Detektive**	im Vordergrund."
„Im Vordergrund steht in Kinderkrimis häufig	*eine Gruppe*	**junger Detektive.**"	
	„*Eine Gruppe*	**junger Detektive**	steht in Kinderkrimis häufig im Vordergrund."

Das Genitivattribut ist in diesem Satz Teil des *Subjekts:*
„*Wer oder was* steht häufig im Vordergrund in Kinderkrimis?" – „eine Gruppe junger Detektive"

6 a) *Führe für die nachfolgenden Sätze die Umstellprobe durch.*
b) *Markiere das Satzglied, welches das Attribut als Teil enthält. Stelle die Satzgliedfrage.*

Ulli Schubert

Ein Fall für die Reporterkids: Die Schulhof-Erpresser

Saskia, Torben, Nana und Stummel, vier Schülerzeitungsredakteure, sind ziemlich frustriert.

_____

_____

Kaum jemand kauft das interessante Blatt.

_____

_____

Bald bekommen die vier größere Sorgen.

_____

_____

Jemand erpresst Stummel, den Kleinsten von ihnen.

_____

_____

_____

Sie misstrauen dem plötzlichen Interesse eines Mitschülers an der Zeitung.

_____

_____

_____

Adjektive als Attribut oder adverbiale Bestimmung

Adjektive können in einem Satz unterschiedliche Rollen einnehmen. Sie treten manchmal als Attribut (mit Bezugswort) auf, manchmal als adverbiale Bestimmung. Die **Umstellprobe** hilft bei der Unterscheidung:

☐ Adverbiale Bestimmungen sind Satzglieder und lassen sich umstellen, ohne dass sich der Sinn des Satzes verändert.

☐ Attribute sind Teile von Satzgliedern und bleiben auch bei Umstellungen mit ihrem Bezugswort verbunden.

Jugendliche Leser/-innen verschlingen freudig mehrbändige Krimis.

Freudig verschlingen jugendliche Leser/-innen mehrbändige Krimis.

Mehrbändige Krimis verschlingen jugendliche Leser/-innen freudig.

Spannende Krimireihe von Andreas Schlüter rund um den Kurierdienst „Rattenzahn"

Die Rollschuhräuber

„Rattenzahn" – der Kurierdienst auf Inline-Skates – liefert schnell, prompt und zuverlässig verzwickte Lösungen bei abenteuerlichen Einsätzen. Mit von der Partie sind Mischa, leidenschaftlicher Schlagzeugspieler, Lars, der auf Action aus ist, Tasse, die mit Papis leistungsfähigem
[5] Computer souverän umgehen kann, und nicht zuletzt Tina. Unter ihrem T-Shirt hat sich die weiße Kapuzinerratte Watson gemütlich eingerichtet.
Die „Rattenzähne" geraten in die üblen Fänge von jugendlichen Handtaschenräubern, aus denen sie sich witzig und mutig und zum Teil mit
[10] waghalsigen Manövern auf Rollen befreien können.

Crash!

Fahrerflucht! – Die Rattenzähne wollen den Täter entlarven. Tiefer und tiefer verstricken sie sich dabei in die Szene der Crashkids und Autodealer. Bevor der Schuldige [5] clever überführt werden kann, nehmen Tasse und Tina unfreiwillig an einer lebensgefährlichen Verfolgungsjagd teil. Wie ist diese wahnsinnige Fahrt zu stoppen? [10]

7 a) Markiere die Adjektive in den Klappentexten.
b) Prüfe ihre Rolle im Satz und schreibe sie in der nachfolgenden Tabelle in die richtige Spalte.

Adjektiv	
als Attribut mit Bezugswort	**als adverbiale Bestimmung**
verzwickte Lösungen,	*schnell,*

43

Satzarten

Satzreihe

Ein zusammengesetzter Satz, der aus **zwei oder mehr Hauptsätzen** besteht, wird **Satzreihe** genannt.

☐ Die selbstständigen Teilsätze werden manchmal nur durch ein Komma getrennt:
„Alfred Hitchcock wurde 1899 in London geboren, er starb 1980 in Los Angeles."

☐ Meist werden die Teilsätze durch nebenordnende Konjunktionen (z. B. „und", „oder", „denn", „entweder ... oder", „aber", „doch") miteinander verbunden. (Zur Kommasetzung ▷ S. 49.)
„Er gehört zu den berühmtesten Filmregisseuren, aber er schrieb auch Bücher."

1 *Bestimme die Teilsätze (Hauptsätze), indem du einen senkrechten Strich zwischen ihnen ziehst, und umkreise die nebenordnende Konjunktion, wenn eine vorhanden ist.*

Alfred Hitchcock (1899–1980) drehte zunächst Stummfilme, später machte er Tonfilme in England. Ab den 40er-Jahren arbeitete er auch in Hollywood und seit 1952 experimentierte er mit Farbfilmen. Seine Spezialität waren psychologische Kriminalfälle, zu seinen filmischen Meisterwerken gehören „Vertigo", „Psycho" und „Die Vögel". Hitchcock galt auch als Spaßvogel, denn in vielen seiner Filme ist er irgendwann einmal ganz kurz als Statist zu sehen.

2 *Füge die folgenden Sätze sinnvoll zu Satzreihen zusammen. Verwende dabei auch Konjunktionen. Manchmal reicht es, ein Komma zu setzen.*

Für Erwachsene drehte Hitchcock Thriller. Für junge Leser/-innen erschienen unter seinem Namen spannende Kriminalromane.

_____

_____

Im Mittelpunkt stehen drei unternehmungslustige Jungen: Justus, Peter und Bob. Sie gründen ein Detektivbüro mit dem Firmenzeichen: ???

_____

_____

Justus erklärt den Gebrauch des Zeichens: Jemand befindet sich an einem bestimmten Ort. Er möchte das dem anderen mitteilen. Dann malt er einfach mit Kreide ein Fragezeichen.

_____

_____

Justus verwendet immer weiße Kreide. Bob benutzt blaue Kreide. Peters Kreidefarbe ist rot.

_____

Das Fragezeichen wird im Sprachgebrauch für eine Frage gesetzt. Es steht für die Jungen auch für ein ungelöstes Rätsel.

_____

Satzgefüge

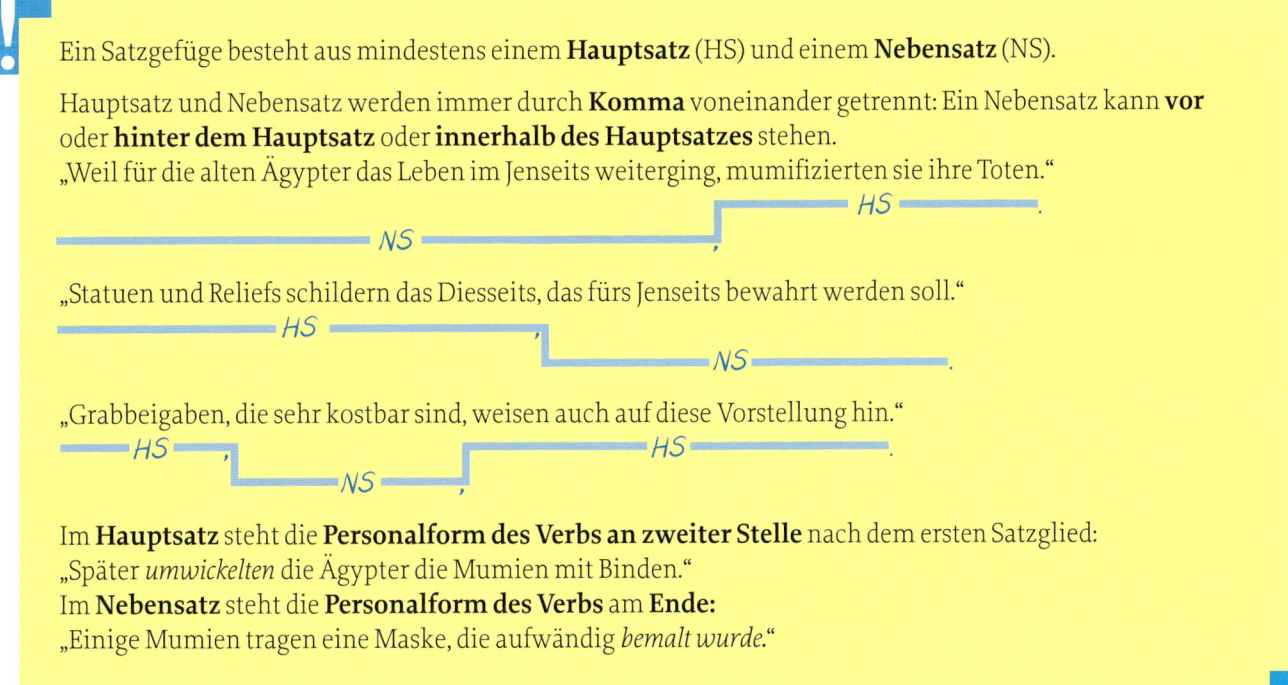

Ein Satzgefüge besteht aus mindestens einem **Hauptsatz** (HS) und einem **Nebensatz** (NS).

Hauptsatz und Nebensatz werden immer durch **Komma** voneinander getrennt: Ein Nebensatz kann **vor** oder **hinter dem Hauptsatz** oder **innerhalb des Hauptsatzes** stehen.

„Weil für die alten Ägypter das Leben im Jenseits weiterging, mumifizierten sie ihre Toten."

„Statuen und Reliefs schildern das Diesseits, das fürs Jenseits bewahrt werden soll."

„Grabbeigaben, die sehr kostbar sind, weisen auch auf diese Vorstellung hin."

Im **Hauptsatz** steht die **Personalform des Verbs an zweiter Stelle** nach dem ersten Satzglied:
„Später *umwickelten* die Ägypter die Mumien mit Binden."
Im **Nebensatz** steht die **Personalform des Verbs** am **Ende:**
„Einige Mumien tragen eine Maske, die aufwändig *bemalt wurde.*"

1 *Unterscheide im folgenden Text über die Mumie Hauptsatz und Nebensatz, indem du*
- ☐ *die Personalform des Verbs im Hauptsatz* rot *und im Nebensatz* blau *unterstreichst,*
- ☐ *einen senkrechten Strich zwischen Haupt- und Nebensatz ziehst,*
- ☐ *das Wort, das den Nebensatz einleitet, umkreist.*

Die drei ??? und die flüsternde Mumie

Es gibt keine 3000 Jahre alte Mumie, die flüstert. Oder doch? Justus, Peter und Bob sind davon überzeugt, dass es das geben kann. Die Mumie befindet sich bei Professor Yarborough, der als Ägyptologe arbeitet. Er bat die ägyptische Regierung, dass sie ihm die Mumie für Studienzwecke überlässt. Nun erlebt er etwas Geheimnisvolles, weil sie in seiner Gegenwart immer zu flüstern beginnt. Wenn der Professor allerdings jemanden als Ohrenzeugen einlädt, bleibt die Mumie stumm. Da ihn jeder Erwachsene nun für verrückt erklären würde, kann er weder die Polizei noch einen Privatdetektiv beauftragen. Hitchcock, der als Ratgeber in die Geschichte hineingeschrieben wurde, empfiehlt ihm die drei ???. Allerdings stellt sich ein weiteres Problem, weil auf der Mumie ein Fluch lastet. Der Butler des Professors, Wilkins, warnt die Jungen vor diesem Fluch, da er schon einigen Menschen auf ihrer Ägypten-Expedition den Tod gebracht habe. Jeden, der die Ruhe Ra-Orkons stört, ergreift eine fremde Macht. Obwohl die Jungen von diesem Fluch wissen, wollen sie den Fall übernehmen.

Yarborough glaubt nicht an Flüche oder böse Geister, da er als Wissenschaftler eine vernünftige Erklärung sucht.

2 *Zeichne zu den letzten drei Sätzen jeweils eine Satzgrafik in dein Heft. Orientiere dich an den Mustern im Merkkasten.*

Relativsätze

Ein Nebensatz, der ein Bezugswort näher erläutert, heißt **Relativsatz.** Er nimmt oft die Rolle eines Attributs ein.

Attribut
„Es gibt spannende Erzähltexte."
„Es gibt Erzähltexte, *die sehr spannend sind.*"
Relativsatz mit Relativpronomen

Relativsätze werden mit einem Relativpronomen eingeleitet:
„der", „die", „das", „welcher", „welche", „welches".

1 a) Unterstreiche die Relativsätze.
b) Umkreise die Relativpronomen.

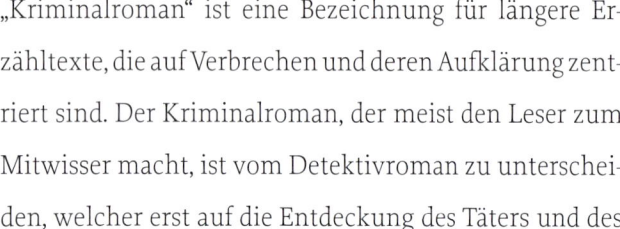

Der Kriminal- oder Detektivroman

„Kriminalroman" ist eine Bezeichnung für längere Erzähltexte, die auf Verbrechen und deren Aufklärung zentriert sind. Der Kriminalroman, der meist den Leser zum Mitwisser macht, ist vom Detektivroman zu unterschei-
5 den, welcher erst auf die Entdeckung des Täters und des Tatgeschehens abzielt. Im Vordergrund steht zum Beispiel das Verschwinden einer Person, die der Detektiv nun aufspüren soll, oder ein Mordrätsel, das er lösen soll. Außerdem gibt es eine Gruppe von Menschen, die die Rolle als Opfer, Täter, Verdächtige oder Zeugen einnehmen. 10

2 Wandle die unterstrichenen Attribute in Relativsätze um.

Ein Kriminalroman erinnert an die logisch aufgebaute Arbeit eines Wissenschaftlers.

_____

_____

Zuerst werden klare, sichtbare Fakten notiert.

_____

Im Flur liegt der erschossene Butler.

_____

Als Erstes werden die zu den Fakten passenden Arbeitshypothesen aufgestellt: Wie könnte es gewesen sein?

_____

_____

Anschließend müssen diese anfänglich einleuchtenden Überlegungen überprüft werden.

_____

_____

Adverbialsätze

Nebensätze mit Konjunktionen nehmen oft die Stellung einer adverbialen Bestimmung ein. Dann nennt man sie auch **Adverbialsätze.**

Adverbiale Bestimmung
„Das Verbrechen geschah aus Eifersucht."
„Das Verbrechen geschah, *weil* der Täter eifersüchtig war."
Adverbialsatz mit einleitender Konjunktion *weil*

Ein Nebensatz wird meist mit einer unterordnenden **Konjunktion** eingeleitet,
z. B. „weil", „als", „dass", „wenn", „nachdem".

1 a) Unterstreiche die Adverbialsätze.
b) Umkreise die Konjunktionen.

Die Erfindung des Sherlock Holmes

Nachdem Sir Arthur Conan Doyle erfolglos als Arzt prak-
tiziert hatte, begann er zu schreiben. Als er als Schriftsteller arbeitete, verfasste er auch eine Reihe von Detektiv-
erzählungen. Doyle erfand den Privatdetektiv Sherlock

5 Holmes mit seinem Gehilfen Dr. Watson, damit seine Erzählungen besonders spannend wurden. Wenn Holmes
auf den Fall angesetzt wird, hat der Täter schon verloren.
Da er clever, beinahe genial bei seiner Aufdeckung vorgeht,
ist Holmes für den Leser/die Leserin interessant. Seine

10 Kleidung ist auffällig, weil er oft eine karierte Mütze und
einen karierten Mantel mit passendem Schal trägt. Außerdem raucht er häufig Pfeife, wenn er nachdenken muss.

2 *Wandle die hervorgehobenen adverbialen Bestimmungen in Adverbialsätze um. Dabei musst du auch Verben einfügen. Schreibe die umgewandelten Sätze in dein Heft.*

In Kürze: Der Hund von Baskerville

Wegen des plötzlichen Todes von Sir Charles Baskerville sind seine Freunde beunruhigt.
Dr. Mortimer wendet sich auf Grund einiger mysteriöser Umstände an Sherlock Holmes.
Bei seinem Besuch übergibt Dr. Mortimer Holmes ein altes Manuskript.
Dort steht: Sir Hugo von Baskerville – ein Vorfahre des Toten – sei wegen seiner wilden Art ein gefürchteter Mann gewesen.
Nach der Entführung einer Bauerntochter auf sein Anwesen gab es ein großes Trinkgelage.
Das Mädchen floh aus Angst und rannte in Richtung Moor.
Nach der Entdeckung seines Fehlens machte sich Sir Hugo auf die Suche.
Nach einiger Zeit fanden Männer beide tot im Moor.
Wegen der Dunkelheit konnten sie nur schwach ein Furcht erregendes Tier erkennen.

→ Das Tier hatte Sir Hugo die Kehle durchgebissen. Hatte dies etwas mit dem aktuellen Fall zu tun? Lies das Buch!

Teste dich! – Sätze und Satzglieder bestimmen

1 *Bestimme die unterstrichenen Satzglieder. Kreuze die richtigen Antworten an.*

Irene Dische

Wie spricht denn der?

Deutsch ist meine Muttersprache. Da, wo ich aufgewachsen bin, sprachen alle Deutsch. Die Metzgerei an der Ecke hieß „Bloch und Falk" und die Bäckerei hieß „Konditorei Schwarzwald".

alle:	Die Metzgerei an der Ecke:	die Bäckerei:
☐ Dativobjekt	☐ adv. Best. des Ortes	☐ Subjekt
☐ adv. Best. des Grundes	☐ Subjekt	☐ Attribut
☐ Subjekt	☐ Akkusativobjekt	☐ Dativobjekt

2 *Benenne die Satzarten. Zeichne die Satzgrafik zu jedem Satz.*

Meine Eltern waren beide Naturwissenschaftler, die Universitätsklinik lag gleich um die Ecke.

_____

Es gehörte zu meiner Vorstellung vom Leben, dass mit diesem Leben etwas gründlich schiefgehen konnte.

_____

3 *Bestimme die unterstrichenen Satzglieder. Stelle auch die Satzgliedfragen.*

Als ich vier war, fast fünf, führte mich mein Kindermädchen (1.) auf den nahe gelegenen Spielplatz. An diesem Tag (2.) war dort (3.) nichts los. Keine Kinder.

1. _____

2. _____

3. _____

4 *Schreibe hinter die Adjektive, ob es sich um ein Attribut (1) oder um eine adverbiale Bestimmung (2) handelt.*

Schließlich tauchte doch ein kleiner (_____) Junge auf und wir spielten schön (_____) an der Wippe. Dieser kleine (_____) Junge hatte offenbar ein großes (_____) Problem. Er konnte nicht richtig (_____) sprechen. Er brabbelte nur. Immer wenn er diese seltsamen (_____) Blubberlaute von sich gab, lächelte ich taktvoll (_____) und tat, als würde ich ihn verstehen. Ich wollte ihn nicht verlegen (_____) machen. Nachdem er wieder gegangen war, stürmte ich zu meinem Kindermädchen und sagte: „Hast du diesen armen (_____) kleinen (_____) Jungen gesehen? Er hat einen Hirnschaden! Er macht nur immer diese komischen (_____) Geräusche." „Dummes (_____) Mädchen", entgegnete sie, „er hat englisch gesprochen."

Satzzeichen setzen

Satzzeichen bei Satzreihen

☐ Selbstständige Teilsätze in einer **Satzreihe** werden durch **Kommas** abgetrennt:
„Europa ist ein Kontinent, ihm gehören viele Länder an."

| Hauptsatz 1 | + | Komma | + | Hauptsatz 2 |

☐ Wenn die Hauptsätze durch **nebenordnende Konjunktionen** wie z. B. „und", „oder", „weder ... noch",
„entweder ... oder" miteinander verbunden sind, kannst du ein Komma zur Verdeutlichung setzen, du
musst es aber nicht.
„Europa ist in den letzten Jahren gewachsen (,) *und* es treten weiterhin neue Länder bei."

| Hauptsatz 1 | + | (Komma) | + | nebenordnende Konjunktion | + | Hauptsatz 2 |

☐ Sind die Teilsätze in einer Satzreihe mit einer nebenordnenden Konjunktion verbunden, die eine
Einschränkung oder einen **Gegensatz** ausdrückt, wie z. B. „aber", „sondern", „jedoch", „doch", muss ein
Komma vor die Konjunktion gesetzt werden.
„Die Anzahl der Länder wächst, *aber* nicht alle Länder werden in die Europäische Gemeinschaft
aufgenommen."

| Hauptsatz 1 | + | Komma | + | entgegensetzende Konjunktion | + | Hauptsatz 2 |

1 *Unterstreiche die Hauptsätze einer Satzreihe in verschiedenen Farben und umkreise die Konjunktionen.*

Der Name Europa stammt nicht aus dem Christentum, sondern er ist eine Erfindung der Griechen.

Der Dichter Hesiod verwendete als Erster diese Bezeichnung, er lebte um 700 vor Christus.

Niemand kennt die Bedeutung des Namens, denn schon der griechische

Geschichtsschreiber Herodot hatte vergeblich danach geforscht, jedoch gibt es eine Sage.

2 *Umkreise nebenordnende Konjunktionen grün und entgegensetzende Konjunktionen blau.*

Sagen wurden ursprünglich mündlich überliefert und erst später hat man die Erzählungen auch aufgeschrieben. Als Sagen bezeichnet man sowohl Geschichten über den Anfang der Welt und die Götter als auch
5 über Helden und deren Taten. In dieser Sagenwelt wird von Wesen und deren Abenteuern erzählt, die wissenschaftlich nicht nachweisbar sind, aber oft gibt es einen realistischen Kern. Doch dieser interessiert weniger, sondern die Besonderheit des Erzählten erscheint reizvoll. 10

3 *Setze die fehlenden Kommas.*

Der Sage nach lebte in Tyros an der asiatischen Mittelmeerküste (heute Libanon) eine Prinzessin namens Europa. Eines Nachts hatte Europa einen Traum: Zwei Länder stritten sich um sie das eine Land nannte
5 sich „Asien" und das andere hieß „das Land gegenüber". Beide erschienen ihr im Traum als Frauengestalten Frau „Land gegenüber" wollte sie auf Befehl des Göttervaters Zeus aufs Meer hinausziehen. Am nächsten Morgen ging die Prinzessin ans Meer und aus dem Wasser stieg plötzlich ein Stier. Aber die 10 Prinzessin erschrak nicht denn der Stier sah nicht nur friedlich aus sondern er lud sie auch ein, sich auf seinen Rücken zu setzen. Sie nahm die Einladung an und daraufhin flog er mit ihr über das Meer zur Insel Kreta. Der Stier war in Wirklichkeit Zeus er 15 hatte sich nur verwandelt denn er liebte schöne junge Frauen und verführte sie gern. So auch Europa sie wurde der Sage nach Mutter vieler Söhne.

> **Satzzeichen bei Satzgefügen**
> In einem Satzgefüge werden **Hauptsatz** und **Nebensatz** durch **Komma** voneinander abgetrennt.
> Ein Nebensatz wird meist durch eine **unterordnende Konjunktion** (z. B. „weil", „dass", „als") oder ein
> **Relativpronomen** (z. B. „der", „die", „das", „welcher", „welche", „welches") eingeleitet.
> Die Personalform des Verbs steht im Nebensatz am Ende.
>
> Unterscheide:
> - **vorangestellter** Nebensatz, z. B.: „*Obwohl* Europa verschiedene Länder angehören, sprechen wir von einer europäischen Gemeinschaft."
> - **eingeschobener** Nebensatz, z. B.: „Man kann dabei an eine Familie, *deren* Angehörige im Aussehen und Charakter unterschiedlich sind, denken."
> - **nachgestellter** Nebensatz, z. B.: „Ein Reisender merkt schnell, *dass* er in Europa unterschiedlichen Menschen begegnet."

4 a) Füge im Text die fehlenden Kommas ein, die einen Nebensatz vom Hauptsatz trennen.
b) Vorangestellt, eingeschoben, nachgestellt? Unterstreiche den Nebensatz – je nach Stellung im Satz – mit unterschiedlichen Farben.

Der kleinste Kontinent

Die Besonderheit des Kontinents Europa liegt zunächst in der Geografie: Es ist der zweitkleinste. Selbst in der Zeit als es noch keine Eisenbahn und kein Flugzeug gab konnte man relativ schnell von einem Ende Europas zum anderen reisen. In der Antike konnte ein römischer Heerführer der zu Fuß oder zu Pferde von Rom fortzog während seiner Laufbahn mehrere Feldzüge in Gallien (dem heutigen Frankreich), Germanien (dem Westen des heutigen Deutschland), in Spanien und sogar in Britannien (dem heutigen Großbritannien) führen. Da die Gebirge nicht sehr hoch sind waren diese leicht zu überqueren. Viele Flüsse und Ströme wie die Donau und der Rhein die noch heute zu den wichtigen Wasserstraßen gehören ließen sich auch früher schon gut befahren. Zu den natürlichen Verkehrswegen kommen noch die Straßen die die Menschen im Laufe der Geschichte geschaffen haben. Nachdem auch noch Schnellverbindungen durch Autobahnnetze und Hochgeschwindigkeitszüge entstanden sind kann man als Reisender bequem den Kontinent Europa erkunden.

5 a) Umkreise in den Nebensätzen Konjunktionen **blau** und Relativpronomen *orangefarben.*
b) Unterstreiche die Personalform des Verbs im Nebensatz.

Europa und seine asiatischen Nachbarn

Europa ist das westliche Ende des riesigen Kontinents Eurasien, das nur durch das Mittelmeer von Afrika getrennt ist. Europa und Asien haben sich gegenseitig beeinflusst, sodass manche Wissenschaftler von einer indogermanischen oder indoeuropäischen Kultur sprechen. Manche mittelalterlichen Verserzählungen und einige Fabeln sind Nacherzählungen indischer Geschichten, die dort sehr beliebt waren. Kaum jemand weiß, dass viele Wörter in europäischen Sprachen aus Asien stammen. Aus dem Persischen, dem Türkischen und dem Arabischen stammen Wörter wie Algebra, Diwan und Alkoven, deren Bedeutung du in einem Fremdwörterbuch nachschlagen kannst.

> **!**
>
> **Satzzeichen bei Aufzählungen**
> In Aufzählungen werden **Wörter oder Wortgruppen durch Komma abgetrennt.** Das letzte Wort oder die letzte Wortgruppe wird in einer Aufzählung meist mit einer nebenordnenden Konjunktion verbunden, z. B. „und", „sowie", „oder". Hier steht kein Komma. Dies betrifft auch Aufzählungen mit nur zwei Gliedern.
> - Aufzählung von Wörtern: „Europa: Vergangenheit ⊙ Gegenwart *sowie* Zukunft."
> - Aufzählung von Wortgruppen: „ Europa hat eine lange wirtschaftliche Tradition ⊙ eine reiche Kultur *und* einen großen Sagenschatz."

6 *a) Setze die Kommas bei Aufzählungen.*
b) Umkreise die nebenordnenden Konjunktionen, vor denen kein Komma steht.

Jaques Le Goff

Die Geschichte Europas – Städte ⊙ Händler ⊙ Schulen

Bis zum 20. Jahrhundert waren die meisten Europäer Bauern und Landbewohner. Aber bereits im Mittelalter entwickelten sich zahlreiche Städte: Die bedeutendsten waren Sitz von Königen und von Fürsten und von deren Verwaltung. Dort befanden sich auch die Zentren wirtschaftlicher Aktivitäten mit Handwerkern Märkten und Messen; zum Beispiel die Messen in Leipzig Frankfurt am Main oder in der Champagne im 12. und 13. Jahrhundert.

Ein neuer Beruf tauchte auf: die Händler, deren reichste Vertreter in ganz Europa sowie in Asien und Afrika Handel trieben und die gleichzeitig auch Bankiers waren. Die mächtigsten von ihnen waren Italiener (Florentiner Genuesen und Venezianer) sowie Flamen und Deutsche, die sich in einer großen Handelsvereinigung zusammengeschlossen hatten: Das war die Hanse von London und Brügge von Antwerpen Hamburg Lübeck Danzig und Riga.

7 *Verbessere die Kommasetzung mit einem roten Stift. Achtung: Entweder fehlen Kommas bei Aufzählungen oder es sind falsche gesetzt worden! Setze richtige und streiche falsche durch.*

VORSICHT FEHLER!

Die Städte waren auch kulturelle Zentren. Sie gründeten Schulen, in denen vor allem Bürgerkinder Lesen Schreiben und Rechnen lernten. In manchen Städten riefen Lehrer-, und Schülervereinigungen Schulen für höhere Bildung ins Leben: die ersten Universitäten. Die beiden berühmtesten waren Bologna für das Studium der Rechte, und Paris für die Theologie. In Salerno, und in Montpellier wurde auch

Medizin unterrichtet. Weitere Gründungen erfolgten in Großbritannien (Cambridge Oxford) Spanien (Salamanca) Portugal (Coimbra) Böhmen (Prag) Polen (Krakau) Österreich (Wien), und Deutschland (Heidelberg). Die Studenten, und ihre Lehrmeister, die in ganz Europa von einer Universität zur anderen reisten, bewirkten eine Flut handgeschriebener Bücher. (...)

Satzzeichen bei wörtlicher Rede

Die **wörtliche Rede** steht in **Anführungszeichen.** Ein Redebegleitsatz kann die wörtliche Rede einleiten, in diese eingeschoben sein oder nachgestellt werden. Entsprechend ändern sich die Satzzeichen.

☐ Zwischen einem einleitenden Redebegleitsatz und der wörtlichen Rede steht ein Doppelpunkt, z. B.: *Tom stöhnte: „Hoffentlich bleibt der Besuch nicht so lange!"*

☐ Ein eingeschobener Redebegleitsatz wird durch Kommas abgetrennt, z. B.: *„Ich finde, unsere Gäste können so lange bleiben, wie sie Lust haben", erwiderte Elfi, „schließlich hast du sie eingeladen."*

☐ Ein nachgestellter Begleitsatz wird immer durch Komma abgetrennt. Dabei entfällt der Schlusspunkt in der wörtlichen Rede, Ausrufezeichen und Fragezeichen bleiben aber erhalten, z. B.: *„Besuch aus dem Ausland finde ich immer ganz spannend", meinte die Großmutter. „Jeden Besuch?", fragte Elfi.*

8 a) *Unterstreiche die Redebegleitsätze.*
b) *Füge die noch fehlenden Satzzeichen der wörtlichen Rede ein.*

Besuch aus Amerika

Heute kommt Besuch, freut sich die Mutter. Oh jehhhhh, mault Jule, wer ist es denn? Doch hoffentlich nicht wieder deine blöde Freundin aus Düsseldorf. Jule verzieht schon mal das Gesicht. Ihre
5 Mutter meint etwas erzürnt Jule, ich rede auch nicht so abfällig über deine Freundinnen. Also bitte! Das heißt, die Tussi kommt also schlussfolgert Jule und wirft sich auf den nächsten Sessel. Mutter grinst Falsch! Aber am liebsten würde ich ‚die Tussi', wie du sie nennst, noch rasch einladen. Jule räkelt sich 10 auf dem Sessel, ganz erleichtert, dass sie mit ihrer Vermutung falschgelegen hat. Wer kommt denn nun? will sie nun wissen. Deine Patentante aus Amerika antwortet die Mutter und fügt knapp hinzu Du kannst schon mal deine Englischkenntnisse auffri- 15 schen! Und dein Zimmer BITTE aufräumen. Okay, I do what you want.

9 a) *Vervollständige die Redebegleitsätze mit treffenden Verben.*
b) *Füge die Satzzeichen der wörtlichen Rede ein.*

Tatsächlich zieht Jule los und holt den Staubsauger.

Habe ich da ein Zauberwort gesagt? _____

die Mutter. Aber Jule reagiert gar nicht, sondern

_____ stattdessen Ich glaube, ich sollte

5 auch mal mein Fenster putzen. Das hat es echt nö-

tig. Das hast du doch noch nie geputzt _____

die Mutter aber wenn du unbedingt willst, ich gebe

dir gern das Reinigungsmittel. Nicht nötig, ich weiß,

was man am besten nimmt _____ Jule.

10 Geschäftig rumort sie in der Kammer mit den Putz-

mitteln. Dennoch _____ die Mutter Kann

ich dir helfen? Nöööö ... danke ... _____

dumpf aus der Kammer. Auf einmal hört sie einen

Schrei. Jule! _____ sie. Die Mutter ahnt

Schlimmes. Da liegt Jule auf dem Boden. Die Mutter 15

schaut besorgt und _____ Tja, die meisten

Unfälle passieren im Haushalt. Ich rufe den Notarzt.

Zwei Tage später kommt Jules Patentante sie im

Krankenhaus besuchen Oh dear, you're a poor girl!

_____ sie Jule. Aber Jule geht es schon 20

ganz gut, nur ihr rechtes Bein ist dick eingegipst und

sie _____ tapfer: I am fine! How are you?

Teste dich! – Satzzeichen setzen

1 a) Füge die fehlenden Satzeichen der wörtlichen Rede ein.
b) Unterstreiche die Redebegleitsätze.

Winfried Ulrich

Nicht richtig verstanden

Komm doch rein fordert Jörg seinen Freund auf. Ach nee, lieber nicht meint Karsten ich habe ganz dreckige Füße. – Das macht doch nichts. Du kannst ja deine Schuhe anbehalten.

Heiko hat zum Geburtstag einen jungen Hund geschenkt bekommen. Als er ihn an der Leine spazieren führt, trifft er Stefan. Der meint Das ist aber noch ein kleines Tier! Ziehst du ihn groß? Nein widerspricht Heiko ich lass ihn wachsen!

Ein Polizist hält Reinhard an und sagt An deinem Rad brennt die Lampe nicht. Du musst absteigen! – Hab ich schon versucht meint Reinhard aber dann brennt sie auch nicht.

2 Ergänze die Regeln.

Teilsätze in einer Satzreihe (Hauptsatz + Hauptsatz) werden _____.

Vor _____ Konjunktionen steht immer ein Komma, wie z. B. _____.

Vor _____ Konjunktionen, z. B. _____, kann ein Komma stehen.

3 Satzreihe oder Satzgefüge? Setze die fehlenden Kommas. Schau genau hin, denn manchmal fehlen auch mehrere.

Nachdem es geregnet hatte war der Schäferhund pudelnass.
Hunde die bellen beißen nicht manchmal tun sie es aber doch.
Die beiden Nachbarskinder sind wie Hund und Katz weil sie sich beim Spielen beschimpfen.
Bei dem Wetter schickt man keinen Hund vor die Tür nur Wildschweine wühlen im Matsch.

4 Im folgenden Text gibt es fünf Kommas. Kreuze an, welche Aussage jeweils richtig ist.

Siebzehn Schnitzer, (1) die auf siebzehn Schnitzsitzen sitzen und mit spitzen Schnitzern Ritzen in ihr Schnitzholz schlitzen, (2) sind siebzehn schwitzende, (3) schnitzende, (4) auf dem Schnitzsitz sitzende, (5) spitze Schnitzer benützende Schnitzholzritzenschlitzer.

Erklärung für die Kommas 1/2:

☐ Ein Nebensatz mit einer entgegenstellenden Konjunktion muss vom Hauptsatz durch Komma abgetrennt werden.

☐ In einer Satzreihe werden die Teilsätze durch Komma voneinander abgetrennt.

☐ Ein eingeschobener Relativsatz wird durch Kommas vom Hauptsatz abgetrennt.

Erklärung für die Kommas 3/4/5:

☐ Gleichrangige Nebensätze werden vom Hauptsatz durch Kommas abgetrennt.

☐ Wörter oder Wortgruppen in Aufzählungen werden durch Kommas abgetrennt.

☐ Vor nebenordnenden Konjunktionen kann zur Verdeutlichung jeweils ein Komma gesetzt werden.

Aktiv und Passiv

Bei der Darstellung von Handlungen ist es häufig wichtig zu wissen, wer etwas tut.
Wird die **handelnde Person als Subjekt** genannt, steht der Satz im **Aktiv.**
„Benjamin Franklin *erfand* im Jahre 1762 die Glasharfe." (handelnde Person)

Steht die Handlung oder der Vorgang im Vordergrund (z. B. bei Gebrauchsanweisungen oder Bastelanleitungen), wird die handelnde Person gar **nicht genannt.** Dann steht der Satz im **Passiv:**
„Die Glasharfe *wurde* im Jahre 1762 *erfunden.*"

1 *Markiere alle **Aktivformen** und die dazugehörigen Subjekte **rot** und alle Passivformen gelb.*

Wir machen Musik – Musik wird gemacht!

Hast du schon einmal etwas vom Erfinder der Glasharfe gehört? Schon vor Jahrhunderten wurde Musik auf einer Glasharfe gemacht. Das erste Instrument wurde im Jahr 1762 gebaut, und zwar von dem Erfinder Benjamin
5 Franklin. Er montierte Glasschalen auf einer Welle, die sich dadurch drehten. Die Schalen wurden dann mit feuchten Fingern berührt, sodass Töne entstanden. Dieses Instrument wurde als Glasharmonika bezeichnet. Wolfgang Amadeus Mozart schrieb sogar eigens ein Stück für sie: das Adagio und Rondo für Glasharmonika, Flöte, 10 Oboe, Bratsche und Cello (Werkverzeichnis: KV 617). Aber dann kam die Glasharmonika aus der Mode.

2 *Fülle den Lückentext mit den passenden Passivformen.*

gebaut werden   benötigt werden   geschüttet werden   versetzt werden   gestellt werden

benetzt werden   gefüllt werden   gebracht werden   gegossen werden   erzeugt werden

gespielt werden

Instrumente *werden gebaut* **: Bau dir deine eigene Glasharfe!**

_____ Gläser mit dünnem Rand und Leitungswasser.

Das Glas muss in Schwingung _____, um einen Ton zu erzeugen.

Die Gläser _____ auf eine rutschfeste Unterlage nebeneinander _____.

Wasser _____ in eins der Gläser _____.

5 Der Zeigefinger _____ mit Wasser _____.

Fahre nun behutsam mit der Fingerspitze über den Rand des Glases. Plötzlich erklingt ein Ton.

Wenn mehr Wasser in das Glas _____ und das Glas erneut zum Klingen

_____, ist der Ton tiefer.

_____ alle Gläser mit unterschiedlich viel Flüssigkeit _____, _____ auch

10 verschiedene Töne _____. Dann kann eine Melodie _____.

Das Passiv bilden

Roboter – die Maschinenmenschen?

Hast du dir auch schon einmal gewünscht, passiv auf dem
Sofa zu liegen, während deine Hausaufgaben aktiv von
jemand anderem erledigt werden?

3 *Forme die folgenden Aktiv-Sätze ins Passiv um.*
Lass die handelnde Person weg: In den Beispielsätzen ist
dies der Roboter.

Der Roboter kocht dein Lieblingsessen.

Dein Lieblingsessen wird gekocht.

Der Roboter löst die Matheaufgaben.

_____

Der Roboter räumt den Schreibtisch auf.

_____

Der Roboter trainiert Englischvokabeln.

_____

Der Roboter putzt die dreckigen Fußballschuhe.

_____

Der Roboter säubert den Vogelkäfig.

_____

Der Roboter lernt das Frühlingsgedicht auswendig.

_____

4 *Aber manchmal nützt es nichts, wenn der Roboter dir alles abnimmt.*
Denke nach: Wo solltest du lieber selbst aktiv werden?

_____

Groß- und Kleinschreibung

> **Nomen** werden **großgeschrieben.**
> Ein Nomen kannst du im Satz an verschiedenen **Signalen** erkennen:
> ☐ an einem vorausgehenden **Artikel,** z. B. „*die* Kinder", „*eine* Zauberin";
> ☐ an einer **Präposition,** die auch mit einem Artikel verschmolzen sein kann,
>   z. B. „*beim* Essen" („bei" + „dem");
> ☐ an einem vorangestellten **Pronomen, Zahlwort** oder **Adjektiv,**
>   z. B. „*unsere* Feier", „*drei* Zaubersprüche", „*schöne* Eindrücke".

Manuel will an seinem Geburtstag ein Zauberfest veranstalten. Er hat sich für sein Einladungsschreiben eine ganz besondere Gestaltung ausgedacht, die jedoch gegen einige Regeln der Groß- und Kleinschreibung verstößt.

Hallo <u>stefan</u>,

Ich werde am 17. juni zwölf jahre alt. Ich würde mich freuen, wenn du zu meiner geburtstags-

feier kommen könntest, die am samstag, dem 19. juni, um halb vier bei mir zu hause beginnen

soll. Damit du den weg zu mir findest, habe ich eine kleine skizze angefertigt. Nun möchte ich

dir noch einiges zum programm verraten, an dem ihr alle aktiv mitwirken sollt. Nachdem ihr

euch am kuchenbüfett gestärkt habt, sollen eure magischen kräfte herausgefordert werden.

Ihr sollt nämlich alle zu einer spannenden zaubervorstellung beitragen. Hierbei gibt es einen

besonderen anreiz: Der beste zaubertrick und die originellste verkleidung sollen prämiert

werden. Bitte benachrichtige mich bis zum 8. juni, ob du kommen kannst. Über deine zusage

würde ich mich sehr freuen.

Viele grüße, dein manuel

---

1 a) Unterstreiche im Text alle 20 Fehler, die bei der Groß- und Kleinschreibung passiert sind. Beachte die Nomensignale.
b) Schreibe nun alle Nomen mit ihren Signalen in der richtigen Schreibweise auf.

<u>Stefan</u>

Nominalisierungen

Wörter anderer Wortarten schreibt man **groß,** wenn sie im Satz **als Nomen gebraucht** werden.
Man erkennt das an der Verbindung mit einem der Nomensignale. Diesen Vorgang nennt man
Nominalisierung: „das deutliche **S**prechen", „beim **Ü**ben".

Interview mit einem Profi-Zauberer

Wie wird man zu einem guten
Zauberkünstler? Können Sie uns ein paar Regeln
der Zauberkunst verraten?

1. Suche dir nur Tricks aus, die du dir gut <u>merken</u> kannst.

2. Übe die Tricks vorher intensiv ein, am besten vor einem Spiegel.

3. Benutze als Hilfsmittel einen Zauberstab, Zaubersalz oder einen Zauberspruch.

4. Verrate zu Beginn deiner Tricks nicht gleich deren Ausgang. Du nimmst sonst den Zuschauern die Verblüffung.

5. Du musst schnell zaubern, denn die Zuschauer sollen keine Zeit haben, über den Trick nachzudenken.

6. Alle Zaubertricks sind mit ruhigen Bewegungen und unterstützt durch einen einstudierten Vortrag vorzuführen.

7. Wenn du kein guter Erzähler bist, kannst du deine Tricks auch mit passender Musik untermalen.

8. Vor dem gleichen Publikum darf ein Trick jedoch nie sofort wiederholt werden, denn die Zuschauer könnten womöglich den Trick entdecken.

9. Am Schluss möchte ich dir den wichtigen Rat geben: „Halte dich an das Gesetz der Magie. Erkläre niemandem deinen Zaubertrick."

2 *Formuliere neun Regeln für einen guten Zauberer.*
Verwandle dabei Verben in Nomen. Gehe so vor: Unterstreiche zunächst in den Sätzen 1–9 das Verb. Überlege dir unterschiedliche Nomensignale (Artikel, Pronomen, Adjektive, Präpositionen), die du dem Verb jeweils voranstellst.

1. <u>Das Merken der Tricks ist eine wichtige Voraussetzung für einen guten Zauberer.</u>

2. _____

3. _____

4. _____

5. _____

6. _____

7. _____

8. _____

9. _____

3 *Manuel liest einen verblüffenden Zaubertrick.*
   a) Setze die Verben in die Lücken ein. Entscheide jeweils, ob sie groß- oder kleingeschrieben werden.
   b) Unterstreiche bei den Nominalisierungen die Nomensignale.

entzaubern	erkennen	kleben	ausgehen	gelingen	fliegen	halten

stecken	rätseln	herausziehen	bemalen	platzen	zerreißen

Der verzauberte Ballon

Der Trick: Zunächst musst du einen aufgeblasenen Ballon, den du mit den Worten „Simsalabim, Fidibumm"

verzauberst, in der Hand _____. Nun kannst du vor den Augen deiner Freunde

in den Luftballon mehrere Nadeln _____, ohne dass er platzt. Danach wickelst

du ihn zum _____ in eine Zeitung, stichst wieder hinein und promptes

_____ des Ballons wird sicher sein. Deinen Freunden wirst du mit diesem Trick

Anlass zum _____ geben.

So wird's gemacht: Anfängliches _____ von Tesafilmstreifen auf ver-

schiedene Stellen des Ballons ist Voraussetzung für gutes _____ des Tricks. Willst

du dir vollkommen sicher sein, dass deine Freunde die Streifen nicht _____ können,

dann ist noch flächendeckendes _____ des Ballons mit Filzstiften anzuraten. Nadeln,

die du durch die Klebestreifen in den Ballon stichst, bringen ihn nicht zum _____.

Und damit dir zum Schluss nicht alle eingestochenen Nadeln um die Ohren _____,

wickelst du den Luftballon in Zeitungspapier. Einzelnes _____ der Nadeln ist

auch möglich, dabei wird dem Ballon jedoch bald die Luft _____.

4 a) Setze je ein Indefinitpronomen aus dem linken Kasten mit einem Adjektiv oder Partizip aus dem rechten Kasten zu einem sprachlichen Ausdruck zusammen.

etwas	wenig		bezaubernd	heiter
nichts	alles		unbeschwert	unterhaltsam
viel	wenig		aufregend	neu
nichts	allerlei		überraschend	abenteuerlich
genug	manches		interessant	außergewöhnlich

viel Außergewöhnliches,

b) Schreibe 10 Sätze über eine tolle Zaubershow: Suche dazu weitere Adjektive und Partizipien und ergänze sie mit den Indefinitpronomen zu sprachlichen Ausdrücken.
c) Unterstreiche jeweils das von dir verwendete Indefinitpronomen.

Ich wünsche mir eine Zaubershow, in der ich viel Ungewöhnliches erleben kann.

5 *Auf dem Nachhauseweg unterhalten sich Maik und Laura über Manuels Geburtstagsparty.*
In ihren Äußerungen verwenden sie Adjektive sowohl in der nominalisierten Form als auch als Superlativ.
Setze das Adjektiv jeweils in der richtigen Form ein und achte besonders auf die Groß- und Kleinschreibung.

1 „Annas Zaubervorstellung war mit Abstand am besten."

„Das sehe ich ganz anders. Florian war der

_____."

2 „Das Störendste war, dass Paul so mit seinem Zauberkasten angegeben hat."

„Ich fand

am _____, dass Anna bei ihrem Seiltrick ausgelacht wurde."

3 „ Ich frage mich, warum ausgerechnet die dünne Sarah am schnellsten Kuchen essen kann."

„Nein, der

_____ war Fabian."

4 „Wenn ich morgen meinen Deutschaufsatz vorlesen muss,

ist das das _____, was mir passieren kann."

„Ich fände es am schlimmsten, wenn ich gleich noch mein Zimmer aufräumen müsste."

5 „Am schönsten wäre, wenn morgen die Schule ausfallen würde."

„Für mich ist das

_____, dass ich morgen nicht zum Zahnarzt gehen muss."

„Ich hätte es am

6 _____, wenn ich morgen wieder zu einer Party gehen könnte."

„Das stimmt. Das Liebste wäre mir, wir wären wieder beide eingeladen."

Teste dich! – Nominalisierung

6 *Die Schülervertretung hat einen Brief an die Schulleiterin geschrieben. Unterstreiche in diesem Brief alle Verben, Adjektive und Partizipien, die als Nomen verwendet sind, sowie die Nomensignale.*

Sehr geehrte Frau Lohmann,

wir möchten als SV eine Projektwoche beantragen, die im zweiten Halbjahr von allen

Klassen und Kursen unserer Schule durchgeführt werden soll. Wir haben in unserer

letzten Versammlung alles Wichtige festgehalten, was für das Projektlernen spricht:

- Das Überzeugendste ist, dass die Interessen der Schüler die Themen bestimmen.

- Das Interessante ist, dass die Art des Lernens wenig Gewohntes mit sich bringt,

  da das Arbeiten nicht im üblichen Klassenverband stattfindet.

- Das Lernen in altersgemischten Gruppen kann zum Verbessern des Klimas beitragen.

- Es wird außerdem von Schülern und Schülerinnen kein Klagen über Langeweile geben,

  da selbstständige Arbeitsformen alle zum Lernen anregen.

- Das Beste ist jedoch: Am Ende der Woche liegen Produkte zum Präsentieren vor.

Wir hoffen, dass Sie uns unterstützen und den Antrag an die Schulkonferenz leiten.

Mit freundlichen Grüßen

Maike Wolf (Schülersprecherin)

7 *Ordne die nominalisierten Wörter mit ihren Nomensignalen in die Tabelle ein.*

Nomensignal	nominalisierte Verben	nominalisierte Adjektive	nominalisierte Partizipien
bestimmter/ unbestimmter Artikel			
Präposition (u. Artikel)			
Indefinit- pronomen			

In ihrer Antwort an die Schülervertretung hat die Schulleiterin viele Verben und Adjektive gebraucht,
die wie ein Nomen verwendet werden.

8 *Setze die folgenden Verben und Adjektive an der richtigen Stelle ein und entscheide, in welchen Fällen es sich um
Nominalisierungen handelt, die also großgeschrieben werden müssen.*

schreiben	durchführen	schlimm	unveränderlich	arbeiten
vergessen	~~bedauern~~	möglich	betrachten	schreiben
außergewöhnlich	spannend	neu	gut	angenehm	zahlreich

Liebe Maike,

mit _Bedauern_____ muss ich euch mitteilen, dass das _____ einer Projektwoche

in der zweiten Hälfte dieses Schuljahres nicht _____ ist.

Beim _____ des Terminkalenders wurde viel _____ deutlich:

Dazu gehören die _____ Abiturtermine, die für die Schüler und Schülerinnen der

Stufe 13 und die sie unterrichtenden Lehrer intensives _____ bedeuten.

Nicht zu _____ sind außerdem die für Mai und Juni geplanten Klassenfahrten,

die eher etwas _____ versprechen. Das _____ ist, dass auch

noch Klassenarbeiten zu _____ sind.

Dies sind die Gründe, warum zu wenig Zeit für _____ Unternehmungen wie eine

Projektwoche bleibt, die sicherlich etwas _____ und _____

in unseren Schulalltag gebracht hätte.

Ich möchte euch dennoch für euer _____ danken und wünsche euch alles

_____ für eure weitere SV-Arbeit.

Ich hoffe auf euer Verständnis.

Mit freundlichen Grüßen

Elke Lohmann

Getrennt schreiben oder zusammenschreiben?

- Verbindungen aus **Substantiv + Verb**, **Verb + Verb** und **Adjektiv + Verb** schreibt man normalerweise **getrennt**, z. B.: „Auto fahren", „schwimmen lernen", „schrill klingen".
- Verbindungen mit **sein** werden immer getrennt geschrieben, z. B.: „mutig sein".

1 *Bilde aus zusammenpassenden Wörtern Wortgruppen. Verbinde mit einem Stift.*

Sport	halten
gut	verdienen
Rad	spielen
geheim	anlaufen
Rollschuh	werden
laut	fahren
Freunde	holen
Gitarre	sein
rot	laufen
spazieren	treffen
wenig	gehen
Rat	treiben
schwimmen	haben
Spaß	gehen

TIPP

Nominalisierungen von Wortgruppen werden **zusammengeschrieben:**
„Er war *beim Autofahren* verunglückt."

2 *Bilde mit einigen der zusammengefügten Wortgruppen Sätze zum Thema „Freizeitaktivitäten".*
Verwende in vier Sätzen die Wortgruppe als Nominalisierung.

_____

_____

_____

_____

_____

_____

_____

_____

_____

_____

_____

> Verbindungen aus **Adverb + Verb** oder **Präposition + Verb** werden in den Grundformen zusammen-geschrieben, wenn die Hauptbetonung auf dem Adverb bzw. der Präposition liegt, z. B.: „abwarten",
> „wiedersehen". In den Personalformen schreibt man getrennt: „ich *hole* sie *ab*", „er *nimmt an*".

3 *Verbinde die Wortbausteine zu 10 Verben. Schreibe diese jeweils im Infinitiv und in der 3. Person Singular Präsens auf.*

		Infinitiv	3. Person Singular Präsens
ab	gehen	*abrutschen*	*er rutscht ab*
an	rutschen		
aus	legen		
durch	kommen		
herunter	finden		
los	setzen		
um	machen		
zu	lassen		
zurecht	fallen		
zurück	schauen		

4 *Setze passende Verben in die Lücken ein. Entscheide, ob sie getrennt oder zusammengeschrieben werden.*

Im Zeltlager

Wenn die Schüler und Schülerinnen im Jugendcamp

(an) _ankommen_____, ist das Erstaunen oft

groß, denn zunächst kann keiner glauben, dass man

mit solch einer einfachen Ausstattung mehrere Tage

(durch)_____ kann. Zeltlager sind bei Jugendlichen und Kindern besonders wegen der gemüt-

lichen Abende beliebt. Einige jubeln: „Wir _____ die Nächte _____(durch)." Viele Grup-

pen richten eine Nachtwache ein, damit man Kostbarkeiten wie die Lagerfahne nicht (weg)_____

kann. Manch einer fühlt sich unwohl: „Wie _____ ich mich _____(zurecht)?"

Andere _____ eine Gitarre _____(mit), damit auch für die musikalische Unterhaltung

am Lagerfeuer gesorgt ist.

> **!** Verbindungen aus **Adjektiv + Verb** werden zusammengeschrieben, wenn dadurch eine neue Gesamtbedeutung entsteht, z. B.: „wahrsagen" (= die Zukunft sehen), „kaltstellen" (= politisch ausschalten).
> **Wortbausteine** wie „**feil**-", „**irre**-", „**kund**-", „**preis**-", „**weis**-", „**wett**-" + **Verb** werden zusammengeschrieben. Auch hier liegt die Hauptbetonung auf dem ersten Wortbestandteil: „kundtun", „irremachen".

5 *Entscheide, ob die folgenden Ausdrücke zusammengeschrieben werden, indem du die Regeln anwendest.*

	getrennt	**zusammen**
lang⊙weilen	_____	*langweilen*
schnell⊙laufen	_____	_____
schwarz⊙fahren	_____	_____
braun⊙werden	_____	_____
wütend⊙werden	_____	_____
irre⊙führen	_____	_____
verlegen⊙werden	_____	_____
voll⊙enden	_____	_____
laut⊙rufen	_____	_____
feil⊙bieten	_____	_____

TIPP

Es gibt Verben, die je nach Bedeutung getrennt geschrieben oder zusammengeschrieben werden, z. B.:
„Den Angeklagten wird man wohl *freisprechen*."
„Sie hat sich Notizen gemacht, deshalb kann sie *frei sprechen*."

6 *Formuliere zu den folgenden Verben Beispielsätze.*

wiederholen	_____
wieder holen	_____
sicher gehen	_____
sichergehen	_____
gutschreiben	_____
gut schreiben	_____

Kurze Vokale

> Nach **betonten kurzen Vokalen** folgen meist **zwei Konsonanten,** z. B.: „Schwe**st**er", „stol**p**ert".
> Hörst du nur einen Konsonanten, wird er beim Schreiben **verdoppelt**, z. B.: „pla**pp**ern", „Ke**tt**e", „E**bb**e", „schne**ll**".
> Achtung: Statt verdoppeltem **k** schreibt man **ck**, z. B.: „La**ck**", „Zu**ck**er", „E**ck**e".
> Statt verdoppeltem **z** schreibt man **tz**, z. B.: „Fra**tz**e", „Ne**tz**", „Mü**tz**e".

1 a) Suche den kürzesten Weg vom oberen Wort zum unteren. Von Wort zu Wort darf nur ein Buchstabe verändert werden.

S	O	N	N	E
K	A	N	N	E

K	A	M	M	E	R
H	I	M	M	E	L

W	A	T	T	E
B	I	T	T	E

b) Suche dir zwei der Kästen aus und schreibe mit den Wörtern jeweils eine möglichst kurze Unsinngeschichte. Alle Wörter aus dem Kasten müssen vorkommen.

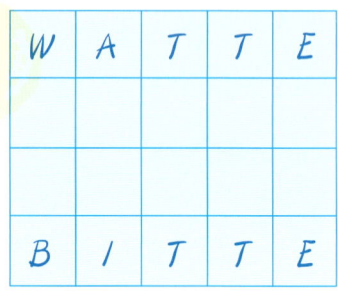

2 Fülle die Lücken. Entscheide: Wo müssen Konsonanten verdoppelt werden, wo ist „tz" oder „ck" richtig?

Simons kleine Schwe _s_ ter wi _ll_ Pu_____ing kochen. Sie öffnet den Schra_____k und ze_____t eine Schüssel heraus.

Dabei fa_____en zwei andere zu Boden. „Nicht schli_____", flü_____tert sie. Schne_____ sto_____pert sie Richtung

Kühlschra_____k. Zum Glü_____ ko _mm_t sie nicht an den Gri_____. Dass Zu_____er in den Pu_____ing muss, hat

sie leider auch schon begri_____en. Im ga_____zen Zi_____er ist er nachher zu fi_____den. Sie steigt auf den

Ho_____er, um einen Lö_____el zu erga_____ern. Ku_____ze Zeit später betri_____ Simon die Küche, weil es

sti_____kt: Seine Schwester si_____t stolz am Herd und rührt in der Plastikschüssel auf der Herdpla_____e.

3 *Hier werden Fremdwörter gesucht. Schreibe sie auf. Achte auf k oder kk.*

1. Abkürzung für eine wieder aufladbare Batterie

2. Tierart, z. B. Fliege, Ameise, Wespe

3. ein Fall in der Grammatik; wen? was?

4. der Tonabstand vom tiefen C zum höheren C

5. lange Nudel mit Loch

6. Mundart

7. wenn Zeit fehlt, entsteht ...

8. wenn Arbeiter danach bezahlt werden, wie viel sie produziert haben, arbeiten sie im ...

9. funktionstüchtig, unversehrt

4 *In der folgenden kleinen Geschichte steht in jedem Satz ein falsches Wort.*
a) Unterstreiche die falschen Wörter und überlege, welches der unterstrichenen Wörter zu welchem Satz gehört.
b) Schreibe die Geschichte richtig auf.

1. Bei großer Hitze guckt sich unsere Katze im Keller.

2. Sie leckt nur aus ihrer Ecke, wenn man sie mit einem Stück Speck lockt.

3. Vorsichtig kommt erst die Ritze hervor, die den Schatz geschickt packt.

4. Dann sitzt sie da und versteckt verzückt.

5. Ein Stückchen Speck lässt sie immer übrig und steckt es in eine kleine Tatze.

6. Sie schmatzt sich die Zunge und denkt wohl verschmitzt: Schmeckt Speck nicht auch Mäusen?

Lange Vokale

> **!**
> Die meisten **betonten langen Vokale a, e, o, u** sowie die Umlaute **ä, ö** und **ü** schreibt man mit einfachem Buchstaben, z. B. „fr**a**gen", „B**e**sen", „M**o**de", „Gr**u**be", „R**ö**te".
> Bei einer kleineren Gruppe von Wörtern aber folgt nach dem betonten langen Vokal ein **h.** Das h erscheint sehr oft – aber nicht immer! – in den Verbindungen „hl", „hm", „hn", „hr" und bleibt auch in den verwandten Wörtern erhalten, z. B.: „f**üh**len – Gef**üh**l", „z**äh**men – z**ah**m".

1 *Ergänze die fehlenden Buchstaben.*

Die L_____rerin schaut auf die _____r: „Die Stunde der W_____rheit ist gekommen!", sagt sie. „Ihr habt nun die

W_____l: Zuerst macht ihr bitte Vorschläge, wen ihr als Klassensprecherin w_____len wollt. Dann n_____mt ihr ein

Blatt und schreibt eure persönliche Wunschkandidatin auf. Wir z_____len die Stimmen aus, und wer m_____r als die

Hälfte der Stimmen hat, ist gew_____lt."

2 *Teile die Buchstabenschlange in einzelne Wörter und schreibe diese Wörter in der richtigen Groß-/Kleinschreibung auf. Unterstreiche in jedem Wort den langen Vokal.*

WAREURZEITMALENWALHOLENNAMETRÜBSALBOTEWAGENBETENSAGEDOSEGRABENTUBELESENTRAGEN

_____

_____

3 *Umkreise alle Wörter mit langem Vokal (horizontal und vertikal) – mit oder ohne h! Trage sie in die Tabelle ein.*

N	U	D	E	L	S	I	Z	F	L	A	D	E	N	L	E	Z	A	H	M
R	A	H	M	U	O	M	A	M	R	L	O	H	N	E	N	L	H	O	F
I	N	O	T	E	H	U	H	T	A	T	S	O	O	S	D	O	H	L	E
H	M	E	L	E	N	D	L	O	T	U	E	R	T	E	E	S	E	L	F

langer Vokal ohne h	langer Vokal mit h
Note,	

> **Doppelvokale**
>
> Bei einigen Wörtern wird der **betonte lange Vokal a, e, o** durch Doppelvokal gekennzeichnet,
> z. B. „St**aa**t", „S**ee**", „M**oo**r".
> Bei manchen Ableitungen entsteht aus dem Doppelvokal ein einfacher Umlaut, z. B. „S**aa**l – S**ä**le",
> „B**oo**t – B**ö**tchen".

4 *a) Ergänze den richtigen Doppelvokal.*

S _aa_ t	-mann	T_____	-_____l
Schn_____	-strand	M_____r	-sieb
Kl_____	- gestöber	Streichel	-w_____ge
St_____ts	-gut	Tanz	-wanderung
m_____s	-grün	B_____ts	-s_____l
Himb_____r	-blatt	Brief	-fahrt
M_____res	- eis	Räucher	-z_____

b) Je ein Wort aus der linken und der rechten Liste lassen sich zusammensetzen. Bilde zusammengesetzte Wörter und trage sie in die Tabelle ein.

aa	ee	oo
Saatgut,		

5 *a) Ergänze die fehlenden Buchstaben.*
b) Schreibe dann mit den Wörtern eine lustige Kürzestgeschichte in wenigen Sätzen in dein Heft:

B_____t   H_____r   T_____r   F_____   W_____ge   l_____r   Erdb_____re

☆ **6** *Fülle die Lücken. Bestimme die Grundform eines jeden Wortes. Schlage bei Unsicherheiten im Wörterbuch nach.*

Ach, wie niedlich!

Das P_____rchen macht eine Fahrt mit dem B_____tchen. Sie streicht sich durchs H_____rchen, er knabbert am

M_____rchen. Sie seufzt: „Ach, mein B_____rchen!" Er schnurrt: „Du, mein S_____lchen!"

Langes i

Das lang gesprochene **i** wird fast immer **ie** geschrieben, z. B. „**Lie**be", „**Die**b", „**sie**ben".
Nur in einigen Kurzwörtern („wir", „dir", „mir") und in Fremdwörtern wird das lange i mit einfachem **i**
geschrieben, z. B. „Masch**i**ne", „Kl**i**ma".

7 *Wie viele Wörter mit **ie** kannst du mit diesem Schaltspiel zusammensetzen? Alle Wege (vorwärts, rückwärts, seitwärts)
sind erlaubt. Verschiedene Formen von einem Wort (z. B. Singular – Plural) gelten als ein Wort.*

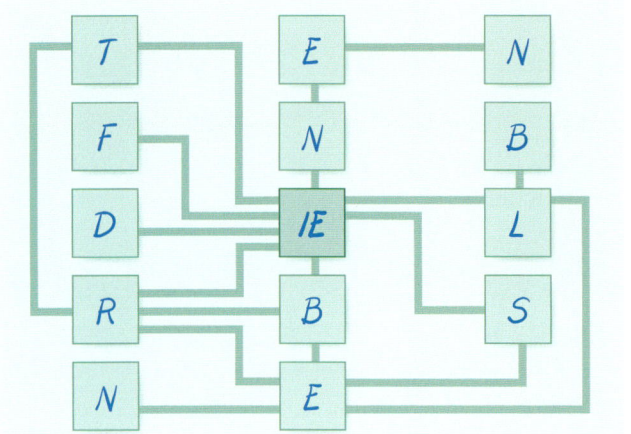

_____

_____

_____

_____

_____

_____

_____

8 *Welche Schreibweise gehört zu welcher Scheibe? Ordne „**wie**der" und „**wi**der" zu und schreibe dann die zusammengesetzten Wörter auf.*

TIPP

Bei den beiden Wörtern **wieder** und **wider** ist die Bedeutung für die Schreibweise ausschlaggebend:
Ist die Bedeutung „noch einmal" oder „zurück" gemeint, z. B.: „wiederverwerten", „wiederfinden", schreibst du
mit **ie**. Wider im Sinne von „gegen" schreibst du mit **i,** z. B.: „Widerspruch", „widersetzen".

_____ _____

_____ _____

_____ _____

_____ _____

9 *Wer kennt diese (Fremd-)Wörter – und weiß, wie sie geschrieben werden?*

1. Ganz kleiner, abgeteilter Raum
2. Frau mit hellen Haaren
3. Wüstenbewohner
4. Blutsauger
5. Bunte Frühlingsblume
6. Militärische Seeflotte
7. Frischer Wind
8. Suppengefäß
9. Stacheltier
10. Fensterbekleidung
11. Augendeckel
12. Erstes Lesebuch
13. Stäbchenförmige Bleistifteinlage

> **!** Es gibt nur wenige Wörter, in denen das **lang gesprochene i** mit **ieh** geschrieben wird, z. B. „er s**ieh**t". Ausschließlich in den Formen der Pronomen und den Wortverwandten „**ih**m", „**ih**n", „**ih**r", „**ih**nen" wird das lange **i** mit **ih** geschrieben.

10 *Setze ein: **ieh, ih, ie** oder **i.***

Cowboy-Plausch

„Mit w_____ v_____l Stück V_____ z_____st du denn h_____r durchs Land?" – „250 Rinder werden es schon sein. Und du?" „D_____ große Herde, d_____ du da hinten s_____st, gehört meinem Boss. Und wenn _____m letzte Woche nicht einige Muttert_____re gestohlen worden wären, könnten es noch mehr sein!" „Und habt _____r den D_____b nicht schnappen können?" „Leider nein. Johnny ist zwar nachts wach geworden und hatte so ein ungutes Gefühl. Er denkt, h_____r gesch_____t doch irgendwas! Es st_____lt doch hoffentlich n_____mand unser V_____ ?! Johnny weckt Bob, s_____ z_____en _____re Colts und gehen draußen nachsehen. Aber da sehen s_____ nur noch, w_____ der Mistkerl auf seinem w_____ernden Gaul fl_____t." „Da empf_____lt es sich ja wohl, den Sheriff einzuschalten!" „Klar, w_____r haben _____m schon alles berichtet. Aber seine Nachforschungen sind noch nicht weiter ged_____en."

s-Laute

> □ **Stimmloses s** nach kurzem Vokal schreibt man fast immer **ss,** z. B. „Ki**ss**en".
> □ **Stimmloses s** nach langem Vokal oder Diphthong schreibt man **ß,** z. B. „So**ß**e", „hei**ß**en".
> □ **Stimmloses s,** das bei Verlängerung stimmhaft wird, schreibt man mit einfachem **s,** z. B. „Gra**s** → Grä**s**er".
> □ **Stimmhaftes s** schreibt man immer **s,** z. B. „**s**ummen", „Na**s**e".

1 a) *Sammle möglichst viele Wörter – mindestens drei zu jeder Buchstabenkombination. Verschiedene Formen eines Verbs gelten nicht!*

-ass-

Tasse,
_____
_____

-aß-
_____
_____
_____

-as-
_____
_____
_____

-oss-
_____
_____
_____

-oß-

Kloß,
_____
_____

-os-
_____
_____
_____

b) *Bilde Sätze mit Wörtern aus jeder Spalte.*

Die Tasse hat einen Sprung.
_____
_____
_____
_____
_____
_____
_____
_____
_____

2 a) *Entscheide, ob die Wörter mit* **s** *oder* **ß** *enden.*
b) *Bilde Sätze, in denen die Wörter in einer Ableitung oder Verlängerung vorkommen.*
Formuliere inhaltlich passende Sätze.

Lo_____glück – Glück mit Lo_____en

1. Mit einem freundlichen Gru *ß* lockte der Mann auf der Kirmes die Leute zu sich.

„Ich grüße Sie, meine Dame, mein Herr – kommen Sie näher!"

2. Beim Näherkommen la_____ so mancher „NUR EIN EURO " auf dem Wagen des Mannes.

_____

3. „Hier besonders günstig: Ein Lo_____ nur ein Euro!", rief er dann ganz charmant.

_____

4. Den meisten schien der Prei_____ zu hoch, sie wendeten sich wieder ab.

_____

5. Dann aber öffnete der Mann mit einem gekonnten Sto_____ das Verdeck seines Wagens.

_____

6. Herrliche Gewinne kamen zum Vorschein und jedermann verga_____ die Bedenken.

_____

7. So verkaufte der Mann schließlich mit großem Spa_____ seine teuren Nieten.

_____

3 a) *Markiere zuerst die langen Vokale vor dem s-Laut mit einem Strich, die kurzen mit einem Punkt.*
b) *Setze dann richtig* **ss** *oder* **ß** *ein.*
c) *Vervollständige anschließend die Zweizeiler durch eine*
selbst formulierte Zeile.

Familie Ix

Herr Ix hat heute mal wieder verge **ss** en,

den Salat mit einem Dressing zu _____.

Dazu isst er sechs dicke Klö_____e,

Frau Ix lässt sich deshalb nicht verdrie_____en,

_____.

_____.

Frau Ix war gestern ziemlich bla_____,

Bei Ixens Hund ist die Leine geri_____en,

_____.

_____.

4 *Trage in den folgenden Lückentext jeweils den richtigen s-Laut ein: **s, ss** oder **ß**.*
Bilde zur Hilfe Ableitungen oder Verlängerungen und überprüfe die Länge der Vokale.
Schlage im Wörterbuch nach, wenn du trotzdem unsicher bist.

Pauls Intere__ss__e gilt schon von klein auf der Mu____ik.

Er spielt Po_____aune in einer Bla_____kapelle und ist

so bei allen Fe_____ten mit dabei. Pauls zweite gro_____e

Leidenschaft ist sein Ha_____e Max. Und der soll ihn nie

zu lange vermi_____en. De_____halb wi_____en in-

zwischen alle: Paul rei_____t zum Mu_____izieren im-

mer mit Max an. Er lä_____t ihn mei_____t direkt neben

seinem Fu_____ sitzen und wei_____ angeblich, da_____

sein Hau_____tier die Mu_____ik genie_____t. Bei ganz

lauten Tönen pre_____t Max allerdings die Na_____e

fe_____t an Paul und manchmal mu_____ er sogar

lei_____e nie_____en. Schaut das Tier zu mi_____mu-

tig, lä_____t Paul es kurz auf die Wie_____e, um etwas Gra_____ zu fre_____en. Paul vergi_____t aber auch nie die

Schü_____el mit Narzi_____en. Die verspei_____t Max genü_____lich mitten im To_____en der In_____trumente.

Max ist so gut dre_____iert, da_____ er sogar Applau_____ gibt. Das begei_____tert alle Anwe_____enden.

5 *Trage die richtigen s-Laute in die Wörterschlangen ein. Schreibe dann alle s-Laut-Wörter, aus denen die Schlangen*
bestehen, noch einmal in ihrer Grundform auf. Beachte die Groß- und Kleinschreibung.

Na__ss__wa__ss__erschlama__ss__el

Bö__eha__enbi__ri

nass – Wasser – Schlamassel

Sü__emu__egrü__e

Hei__ebla__egrie__ma__e

Rie__engro__erü__elkü__e

Grä__ergla__va__en

ks-Laut

> Der Laut **ks** kann durch ganz unterschiedliche Buchstaben oder Buchstabenkombinationen wiedergegeben werden: als **x, ks, chs, gs, cks**. Beispiele: „He**x**e", „Ke**ks**", „La**chs**", „nachmitta**gs**", „du we**cks**t mich".

1 a) *Ergänze den richtigen ks-Laut. Wenn du unsicher bist, bilde den Infinitiv des Verbs. Der Wortstamm gibt dir einen Hinweis auf den richtigen ks-Laut.*
b) *Setze die passenden Verben in die Lücken ein. Achte auf die Großschreibung am Satzanfang.*

| fr____t | bo____e | gewa____en | fän____t | flie____t | verste____t |

| we____t | den____t | we____elst | pa____t | mi____t | än____tige |

Hallo, kleine Hexe,

_____ du heute Abend wieder auf deinem Besen in mein Zimmer und _____

mich? Wenn du _____, dass ich mich dann _____, irrst du dich! Ich bin in

den letzten zwei Wochen sechs Zentimeter _____, und wenn du mich

_____, dann _____ ich dich von deinem Besen! _____ du ei-

gentlich deinen Besen manchmal? Und was _____ du den ganzen langen Tag so an?

_____ du irgendwelche Zaubergetränke? _____ du dich im Wald? Sicherlich

_____ du dich, wann du mir alle Fragen beantworten sollst – ich hoffe, diese Nacht!

Bis dann, dein Clemens

2 a) *Löse das Rätsel. Kreise die verschiedenen Schreibweisen des **ks**-Lautes ein.*
b) *Wie heißt das Lösungswort? Du findest es in den gelb unterlegten Feldern.*

1. Wildkatze mit kurzem Schwanz und Haarpinseln an den Ohren
2. klein geschnittenes Stroh
3. Prüfung, Studienabschluss
4. rundherum, ...herum
5. höfliche Kniebeuge zur Begrüßung bei Hof
6. Entladung mit großem Knall
7. nicht rechts

Lösungswort: _____

-ng/-nk

> **Die Verlängerungsprobe**
> Wenn du nicht weißt, wie ein Wort im **Auslaut** (am Wortende) geschrieben wird, dann kannst du es durch **Verlängerung** herausfinden, indem du
> ☐ zu einem Nomen den Pural (Mehrzahl) bildest, z. B.: „das Gelen**k** – die Gelen**k**e";
> ☐ aus einem Nomen ein Verb oder Adjektiv machst, z. B.: „das Gelen**k** – gelen**k**ig";
> ☐ ein Adjektiv mit einem Nomen beugst, z. B.: „gelenki**g** – gelenki**g**e Knie";
> ☐ ein Adjektiv steigerst, z. B.: „gelenki**g** – gelenki**g**er";
> ☐ zu Verben eine andere Form bildest, z. B.: „er len**k**t – len**k**en".

1 *Ergänze die unvollständigen Wörter, trage in Klammern die Verlängerung ein.*

Hochzeitsszenen

Die Braut steckte dem Bräutigam den Ri *ng*

(*die Ringe*) an den Finger.

Der Ta_____ (_____) des

Hochzeitswagens war leider leer.

Die Mutter des Bräutigams tra_____

(_____) auf das Wohl des Brautpaares.

Die Musik fi_____ (_____) an zu spielen.

Die Hochzeitstorte war ein Pru_____stück

(_____).

Der Bräutigam da_____te (_____)

besonders seinen Eltern für ihr Gesche_____

(_____).

Und wer fä_____ (_____) den Brautstrauß?

Um Mitternacht schwi_____

(_____) sich das Brautpaar ins Auto.

2 *Ergänze im folgenden Text* **ng** *oder* **nk.**
Wenn du bei der Schreibweise unsicher bist,
bilde Ableitungen oder Verlängerungen.

Hochzeit

Als das Brautpaar den Ga_____ entla_____kam,

wi_____ten die Freunde und Verwandten und jubelten.

Einige stimmten in den Gesa_____ des Kinderchores ein,

andere schwe_____ten Fähnchen, auf denen das Fami-

lienwappen der Braut pra_____te. Der Brautführer

gi_____ zu seiner Kirchenba_____, der Bräutigam,

ein Mann wie ein Schra_____, tra_____ heimlich

noch einen Schluck zur Beruhigung. Die Großmütter

ba_____ten und zitterten mit ihrer Enkeltochter.

Nach der Hochzeitszeremonie sche_____te ihnen die

Braut einen strahlenden Blick. Die gesamte Gästeschar

da_____te es ihr mit tosendem Beifall.

-ig/-lich

1 *Wähle zu jedem Adjektiv ein passendes Nomen und ergänze die richtige Endung des Adjektivs.*

Himmel   Urteil   Ereignis   Versagen   Benehmen   Fest   Wetter   Buch   Test   Geschenk

mensch_____ _____   freud_____ _____

fröh_____ _____   herr_____ _____

gnäd_____ _____   großzüg_____ _____

lächer_____ _____   heil_____ _____

dunst_____ _____   schrift_____ _____

2 *a) Bilde mit den Nomen und Verben aus den beiden Blüten Adjektive mit Hilfe des jeweils passenden Suffixes*
-ig, -lich oder -isch.
b) Schreibe alle Adjektive nach den Endungen sortiert in die nachfolgendeTabelle.

-ig	-lich	-isch

d/t

1 *In die Sätze muss jeweils eine Verlängerung der rechts stehenden Wörter eingetragen werden. Wenn du diese gebildet hast, weißt du auch, ob das Wort mit **d** oder **t** geschrieben wird.*

Laue Sommer *abende* _____ genießen wir am liebsten im Garten.

Die _____ trocknen im Freien sehr schnell.

Viele Menschen _____ bei großer Hitze unter Durst.

Es gibt gute _____, warum man in den Ferien nicht wegfahren will.

Kirschen haben einen _____ Kern.

Abends trafen wir Freunde und _____ zum Grillen.

Der _____ hat für seine Zeitung einen Bericht über das Sommerfest geschrieben.

Nach der langen Wanderung hatte ich ganz _____ Füße.

Der Gärtner pflanzte _____ Blumensorten zu den anderen.

Das Gemälde zeigt den _____ Abendhimmel über dem Meer.

Grun__   ro__

wun__   run__

bekann__   Repor__

Abend

wei__

Hem__

Lei__

2 *Verbinde die Wörter aus den Blütenblättern jeweils mit dem richtigen Präfix und schreibe sie in den entsprechenden Blumentopf. Achte auf Groß- und Kleinschreibung.*

end-   ent-

lüften   gehen   weder
wicklung   ?
lang   zwei   schluss   wurf

ergebnis   halte-stelle
lich   ?   los
spiel   gültig

Zwei Laute, ein Buchstabe: v

 Das **v** ist ein besonderer Buchstabe: Mal spricht man es wie ein f (z. B. „von"),
seltener wie ein w (z. B. „Ventil"). Du musst deshalb im Zweifelsfall im Wörterbuch
an mehreren Stellen (unter **v** und **f,** aber auch unter **w**) nachschlagen.

1 *Die Bilder stellen jeweils einen Begriff mit v dar. Schreibe mit jedem dieser Begriffe einen Satz.*

Vase → _Die Vase hat einen Sprung._

2 *Ergänze die fehlenden Buchstaben:* **v, V** *oder* **f, F.**

_V_ oller Magen lernt nicht gern

Während ___elix im Wohnzimmer ___okabeln lernt,
schweifen seine Gedanken immer wieder ab. Am ___ens-
ter summen zwei ___liegen und eine Wespe herum. Aus
der ___erne hört man, wie ein Zug mit ___ielen Waggons
5 durch das ___abrikgelände rauscht. In ___aters Arbeits-
zimmer nebenan geht das ___axgerät. In der ___itrine
scheinen die kleinen ___iguren aus Porzellan zu tanzen.
Die ___iguren hat ihm die nette alte Witwe aus
der Wohnung gegenüber geschenkt, die immer so laut
10 ___olksmusik hört. Manchmal macht sie auch selber
Musik: Sie spielt ___ioline und ___agott. Der ausgestopfte

___asan, den Mutters ___etter geschossen hat, hängt an
der Wand und guckt ihn ärgerlich an. Bewegt er jetzt
nicht auch ein bisschen die ___lügel? Habe ich jetzt
schon ___isionen?, fragt sich ___elix. Ob das wohl an dem 15
___öllegefühl in seinem Bauch liegt? Zum Mittagessen
hat er einfach zu ___iele Würstchen ge___uttert! Wenn
er jetzt auf die Waage ginge, würde er bestimmt zwei
Kilo mehr wiegen als gestern. ___ielleicht sollte er sich
erst einmal ein kleines ___erdauungsschläfchen 20
gönnen und es dann noch einmal mit den ___okabeln
___ersuchen!

Fehlerschwerpunkte erkennen und verbessern

1 *Die nachfolgenden Texte kannst du dir diktieren lassen, z. B. von deinen Eltern oder einem Lernpartner oder einer Freundin.*

2 *a) Über dem Text ist der Fehlerschwerpunkt angegeben, den du üben kannst. Wenn du bei diesem Fehlerschwerpunkt beim Diktat noch große Schwierigkeiten hast, solltest du die entsprechenden Seiten im Arbeitsheft noch einmal angehen: Groß- und Kleinschreibung: ▷ S. 56–62; Getrennt- und Zusammenschreibung: ▷ S. 63–65.*

b) Die kursiv gedruckten Wörter weisen dich auf weitere schwierige Schreibweisen hin.

Fehlerschwerpunkt: Groß-/Kleinschreibung

Kirsten Boie

Verkleidespaß auf Taras Geburtstag

Alle wollten als Erstes Verkleiden spielen. Wir haben im Keller einen alten Bettbezug, der ist unsere *Verkleidungskiste.* Obwohl er ja keine Kiste ist. Man sagt es nur so. Da sind alle unsere komischen Hüte drin und eine Brille, an der unten ein Bart *hängt,* und ganz, ganz viele alte *Anziehsachen,* die keiner mehr tragen will. Aber zum Verkleiden sind sie noch
5 gut. Ich finde, dass Verkleiden fast das Lustigste ist, was man *spielen* kann. Vincent hat sich gleich ein altes *Blümchenkleid* rausgesucht und da hat sich Petja ein *Spagettiträgerkleid* genommen. Und Laurin einen *Faltenrock.* „Hach, meine Liebe, Sie sehen ja wieder ganz *bezaubernd* aus heute!", hat Petja zu Vincent gesagt. „Sie aber auch, meine Liebe!", hat Vincent gesagt. „Und Ihre reizenden Schuhe passen ja ganz reizend zu dem *reizenden* Kleid!" Da
10 haben wir alle auf Petjas Füße *geguckt* und da hatte er natürlich noch seine alten Turnschuhe an. Die sahen zu dem Spagettiträgerkleid ein *bisschen* komisch aus. (158 Wörter)

-ng/-nk: ▷ S. 76
-ng/-nk: ▷ S. 76
Lange Vokale: ▷ S. 68–71
Lange Vokale: ▷ S. 68–71
d/t: ▷ S. 78
Kurze Vokale/ck: ▷ S. 66/67; *d/t:* ▷ S. 78
z/tz: ▷ S. 66;
Kurze Vokale/ck: ▷ S. 66/67
s-Laut: ▷ S. 72–74

Fehlerschwerpunkt: Getrennt-/Zusammenschreibung

Ich wünsch mir was

Gerade eben habe ich am *Nachthimmel* eine *Sternschnuppe* herunterfliegen gesehen – jetzt darf ich mir also *etwas Schönes* wünschen! Ich wünsche mir, dass mich alle *lieb* haben …, dass ich *abends* länger fernsehen darf …, dass ich in der Schule immer klar sehe …, dass das *Schuljahr* schnell vorbei-
5 geht und ich nicht sitzen bleibe …, dass die Ferienzeit bald *anfängt* und ich im *Urlaub* nette Menschen kennen lerne …, dass mich Tobias mal *wieder* zum Radfahren mitnimmt …, dass ich meine *Ohrringe* wieder finde …, dass mich Herr Schneider nicht *bloßstellt,* weil ich im Test so viele *Fehler* gemacht habe … Oje, ich *vermute,* es *müssten* noch viel mehr Sternschnuppen
10 erscheinen, damit alle meine Wünsche in Erfüllung gehen! (109 Wörter)

Kurze Vokale: ▷ S. 66/67
Großschreibung: ▷ S. 56
Lange Vokale: ▷ S. 68–71; *d/t:* ▷ S. 78
Lange Vokale: ▷ S. 68–71
ng/nk: ▷ S. 76
Lange Vokale: ▷ S. 68–71
Lange Vokale: ▷ S. 68–71
s-Laut: ▷ S. 72–74; *Lange Vokale:* ▷ S. 68–71;
Lange Vokale: ▷ S. 68–71; *s-Laut:* ▷ S. 72–74

Teste dich! – Fehlerschwerpunkte: Rechtschreibung

1 *Im folgenden Text fehlen jede Menge Buchstaben. Wenn du alle richtig einsetzen kannst, hast du bei den Übungen auf den vorangegangenen Seiten viel gelernt!*

Maritgen Matter/Anke Faust

Was fre_____en Wölfe am l_____bsten?

Was für ein Wolf, dachte Schaf. So einen Freun_____ hab ich mir schon immer gewünscht. Und es legte den Kopf an

Wolfs Rü_____en. Am Fu_____ des Berges bl_____ben sie stehen. Schaf f_____lte sich noch ganz schwinde_____ von

der F_____rt und machte die Augen einen Moment zu. Als es die Augen w_____der aufmachte, waren sie am _____fer

des S_____s. „Kleiner Zwischensto_____", sagte der Wolf und machte se_____ Kn_____beugen. „H_____r ist es aber

5 sti_____", sagte Schaf, w_____rend es sich umschaute. „Die Stadt ist noch sehr weit", sagte Wolf. „Und h_____r

w_____nt nieman_____. Wir sind ganz allein." Schaf schaute Wolf ins Gesich_____. Er s_____ jetzt ein bi_____chen

unheimlich aus. „V_____eicht kannst du schon mal was zu e_____en finden, Wolf. Deine Augen sind ganz eingesun-

ken vor Hunger! Ma_____t du Wurzeln? Dann suchen wir Pflanzen und ..." „Ich ma_____ keine Wurzeln", sagte

Wolf _____inster. Er zo_____ den Schli_____en mit Schaf darauf zu sich heran. „Welcher Wolf i_____t denn Wur-

10 zeln?" „Aber ... aber ... dann v_____eicht Blaub_____ren? Nü_____e? Erdb_____ren?" „Im t_____fen Winter

wä_____t das alles nicht, Schaf. H_____r gibt es wei_____ und brei_____ nur eins, was man e_____en kann, und

das ist ..." „Fi_____!", r_____f das Schaf. „Natürlich! Wir schl_____gen ein Loch ins Eis und dann hä_____t du

deinen Schwanz rein und dann ..." Fi_____, dachte Wolf. Na gut, als _____orspeise. Und danach dann ein frisches

Stück Schaf. Ein ne_____es Schaf ist es, das mu_____ ich zug_____ben. Auf dem Rü_____we_____ wird's ganz

15 schön sti_____ sein. „Gut", sagte Wolf. „Wir stampfen zusammen auf dem Eis, um somit ein Loch zu erhalten, aus

dem wir dann einen Fi_____ fa_____en." Wenn sich das Schaf schön müde gestampft hat, kann es nicht mehr

we_____laufen oder sich w_____ren, dachte Wolf. Er fa_____te Schaf bei den Schultern und scho_____ es zum

S_____. „O ja! Zusammen stampfen!", r_____f Schaf. „Aber ich wei_____ noch was viel _____esseres!" Es lief zurück

zum Schli_____en und machte das Seil los. „Wir hüpfen ganz kräft_____ Seil auf dem S_____, bis wir ein Loch ins Eis

20 gehüpft haben!" Es hat doch lustige Id_____n, dachte Wolf. Seilchen_____ringen ... das ist lange her. Ein fam_____ses

Schaf ist es, das mu_____ ich schon sagen.

TIPP

Wenn du bei bestimmten Schreibungen noch unsicher bist oder viele Fehler machst, solltest du dir die entsprechenden Seiten noch einmal vornehmen.

Lesetraining

TIPP

Vorlesen

Welche Wörter betont werden, hängt oft vom Satzzusammenhang ab.
Das macht das folgende Beispiel deutlich: Links steht immer der gleiche Satz, aber wie er zu betonen ist,
wird erst klar, wenn du die rechte Seite mitliest.

„Paula hat eine Schwester , aber keinen Bruder .“

„Paula hat eine Schwester, Theresa hat zwei Schwestern.“

„Paula hat eine Schwester, Ben bekommt eine in wenigen Wochen.“

1 *Lies die folgenden Satzverbindungen.*
a) Unterstreiche die Wörter, die du beim Vorlesen betonen musst:
   Die selbstständigen Teilsätze rechts helfen dir dabei.
b) Lies die Sätze laut mit unterschiedlicher Betonung.

In unserer Familie wäscht keiner gerne den Salat, aber essen mögen wir ihn alle.

In unserer Familie wäscht keiner gerne den Salat, bei euch mag keiner Kartoffeln schälen.

In unserer Familie wäscht keiner gerne den Salat, aber jeder muss es einmal übernehmen.

Das Wetter ist schön, aber es ist sehr kalt.

Das Wetter ist schön, aber die Stimmung ist schlecht.

Das Wetter ist schön, soll aber schlechter werden.

Julia liest gerne Gedichte, Udo liest lieber Geschichten.

Julia liest gerne Gedichte, aber sie trägt nicht gerne Gedichte vor.

Julia liest gerne Gedichte, Barbara schreibt gerne welche.

2 *Hans Manz, der Autor, hat durch den Kursivdruck im folgenden Text selbst Betonungen gesetzt.*
Lies den Text laut vor.

Hans Manz

Akzente setzen

„*Das* ist ein Leben!“,
sagte ein Schwarzseher, der keine Hoffnung hatte,
dass sich die Menschen zum Guten ändern würden.

„Das ist *ein* Leben!“,
5 sagte ein Genießer, der es jederzeit und bis zur
letzten Lebensminute auskosten wollte.

„Das *ist* ein Leben!“,
sagte der Lebenskünstler, der selbst unglücklichen
Ereignissen eine gute Seite abgewinnen konnte.

10 „Das ist ein *Leben!*“,
sagte ein wie neu Geborener, als er merkte, wie sehr
er an ihm vorbeigelebt hatte.

Du kannst eine wirkungsvolle Lesetechnik üben:
- **Sprich deutlich.**
- Achte auf ein **angemessenes Sprechtempo** (nicht zu schnell und nicht zu langsam, das Tempo an den richtigen Stellen beschleunigen oder verlangsamen, Pausen gezielt einsetzen).
- **Verändere die Stimme** gezielt (z. B. laut oder leise) und beachte den **Sprechbogen,** den jeder Satz bildet. Hebe deine Stimme zu Beginn des Aussagesatzes und senke sie an seinem Ende:

    „Der Komposthaufen war auf dem Felde.“
    In langen Satzgefügen (▷ S. 45) ist auf eine Untergliederung der Sprechbögen zu achten.
    Vor jedem Komma hebst du die Stimme leicht und machst eine kurze Pause.
- **Betone sinngemäß** (z. B. einen Fragesatz auch als Frage vorlesen).

Geübten Vorlesern gelingt es, die Stimmung und Atmosphäre des Textes einzufangen, z. B. lustige Stellen auch mit Witz vorzutragen. Sie können unterschiedliche Texte auch unterschiedlich gestalten.

3 *Lies den Text von Erwin Strittmatter einmal leise durch und bereite ihn dann für den lauten Vortrag vor:*
a) Markiere schwierige Wörter mit Bleistift und lies sie mehrmals laut.
b) Setze Pausenzeichen | und Betonungszeichen x́.
c) Zeichne Sprechbogen über den Sätzen ein. Untergliedere diese bei langen, zusammengesetzten Sätzen.
d) Unterstreiche die Textstellen, die durch Anführungszeichen oder Großbuchstaben hervorgehoben sind. Probiere verschiedene Möglichkeiten aus, diese Stellen bei deinem Vortrag besonders zu betonen.

Erwin Strittmatter

Die Macht des Wortes

Jedes Jahr setzte Großvater vorgezogene Kürbispflanzen in Kompost und zog große gelbe Kürbisse für den Winter. Der Komposthaufen war auf dem Felde. Durch die Felder schlichen zuweilen redliche Menschen, wenn man den Worten der Bibel trauen kann: Sie säten nicht und sie ernteten doch, und deshalb nächtigte Großvater, wenn die Kürbisse reiften, draußen. Er breitete seine blaue Schürze aus, legte sich hin und schli-
5 ef im Raingras[1], und da er beim Schlafen schnarchte, waren die Diebe gewarnt.

Eine Weile ging's gut, aber Großmutter war noch eifersüchtig. Sie wollte kein Mannsbild, das nachts „umherzigeunerte“. „Denk an den Winter! Denk an dein Rheuma. Ich reib dich nicht ein, wenn es dich wieder quält. Im Grase liegen – du bist doch kein Rehbock!“

Großvater nahm seine Schürze und ging zur Großmutter in die Kammer, doch bevor er das Feld verließ,
10 nahm er sein Messer und ritzte in alle Kürbishäute: „Gestohlen bei Kulka.“

Die Kürbisse wuchsen. Großvaters Schrift wuchs mit. GESTOHLEN BEI KULKA. Die Diebe umschlichen den Komposthaufen und ließen die Kürbisse, wo sie waren. Großvaters Buchstaben wirkten wie Zauberrunen[2].

1 **Raingras:** Gras am Feldrand
2 **Zauberrunen:** Runen sind germanische Schriftzeichen.

4 *Wenn du dich gut vorbereitet fühlst, lies den Text jemandem vor, z. B. einer Freundin, deinen Eltern, einem Klassenkameraden. Hat dein Vortrag dem Publikum gefallen?*

Einen Sachtext lesen und verstehen

Den Textinhalt erfassen

Sinnabschnitte und Schlüsselwörter markieren

- ☐ Längere Sachtexte kann man in Sinnabschnitte unterteilen. Ein Sinnabschnitt stimmt manchmal mit einem Absatz überein, manchmal umfasst er aber auch mehrere Absätze.
- ☐ Die Sinnabschnitte haben oft keine eigene Überschrift. Man kann sie aber an wichtigen Wörtern, so genannten Schlüsselwörtern, festmachen. Sie helfen, einen Text zu „erschließen".
- ☐ Schlüsselwörter und Sinnabschnitte erkennt man häufig nicht beim ersten Lesen. Deshalb solltest du einen Sachtext mindestens zweimal lesen: einmal überfliegend und einmal gründlich.

Unbekannte Wörter klären

- ☐ Oft kann man unbekannte Wörter aus dem Zusammenhang verstehen.
- ☐ Manchmal musst du in einem Lexikon oder Wörterbuch nachschlagen.
- ☐ Häufig kannst du jemanden fragen, wenn du etwas nicht verstehst.

1 *Lies den folgenden Sachtext zweimal.*

2 *Kreuze nach dem ersten Lesen des Sachtextes an: Der Text handelt von*

☐ *der schlechten Luft in der Schule*   ☐ *allem, was mit Luft zu tun hat*

☐ *der Notwendigkeit richtig zu lüften*   ☐ *wichtigen Gesichtspunkten rund um die Atmung*

3 *Überlege dir eine treffende Überschrift und schreibe sie über den Text.*

Der Atemvorgang ist einer der wichtigsten Vorgänge im menschlichen Körper. Der Mensch kann mehrere Wochen überstehen, ohne zu essen, und ein paar Tage, ohne zu trinken. Ohne zu atmen, können wir aber nur wenige Minuten überleben. Wenn man die Luft anhält, spürt man schon

5 nach wenigen Sekunden den Reflex, Luft einzuatmen. Mit der Atemluft nehmen wir den lebenswichtigen Sauerstoff auf und geben das Gas Kohlendioxid ab, das bei der Atmung entsteht.

Das Verhältnis von Atemfrequenz und Atemzugvolumen, der eingeatmeten Luftmenge, ist je nach Alter und nach Tätigkeit unterschiedlich. Es

10 verändert sich im Laufe des Wachstums vom Neugeborenen- bis zum Erwachsenenalter. Im Ruhezustand atmet ein erwachsener Mensch 12- bis 15-mal in der Minute ein und aus. Jüngere Menschen bzw. kleinere Körper nehmen bei jedem Atemzug kleinere Mengen Luft auf und atmen in schnellerem Rhythmus. Bei körperlicher Anstrengung benötigen die

15 Muskeln mehr Sauerstoff. Deshalb erfolgt die Atmung dann häufiger und die Atemzüge sind tiefer.

Damit wir uns in Innenräumen wohl fühlen, brauchen wir auch frische

Lebensnotwendige Atmung:
Aufnahme von Sauerstoff und
Abgabe von Kohlendioxid

Luft. Der Anstieg des Kohlendioxids und nicht das Absinken des Sauer-
stoffgehalts der Luft wird als „Mief" wahrgenommen und führt zu Ermü-

20 dungserscheinungen und Konzentrationsschwierigkeiten.

Der natürliche Anteil von Kohlendioxid an der Luft liegt bei 0,03 Prozent
und er sollte eine Konzentration von 0,1 Prozent nicht überschreiten.
Deshalb ist ein regelmäßiger Austausch der Luft wichtig. In einer 70 m^2
großen Etagenwohnung mit einer Vier-Personen-Belegung sollte unge-

25 fähr alle anderthalb Stunden so gelüftet werden, dass ein kompletter Austausch der Raumluft erfolgt. Dabei sollten möglichst alle Fenster für kurze Zeit weit geöffnet werden. Wegen des größeren Raumvolumens reicht
in einem Einfamilienhaus von 140 m^2 Größe bei gleicher Personenzahl
ein Austausch der Luft alle drei Stunden. Bei der doppelten Anzahl von

30 Personen sollte sich auch die Anzahl der Lüftungen verdoppeln.

4 *Unterstreiche beim zweiten, gründlichen Lesen wichtige Schlüsselwörter. Gehe dabei vor, wie im ersten Absatz vorgegeben.*

5 *Formuliere mithilfe der unterstrichenen Schlüsselwörter, wovon einzelne Sinnabschnitte des Textes handeln. Trage dazu Stichwörter in die rechte Spalte ein.*

ARBEITSTECHNIK

Mithilfe einer Mind-Map einen Sachtext erfassen

☐ Nach dem ersten Lesen des Sachtextes überlegst du, wovon der Text handelt. Das **Thema** des Textes schreibst du in die Mitte eines Blattes und umkreist es.

☐ Vom Thema gehen Äste aus, die als **Oberbegriffe** die Sinnabschnitte des Textes benennen.

☐ Von diesen Ästen gehen **Zweige** ab: Sie benennen als **Unterbegriffe** die Schlüsselwörter des Textes.

☐ **Zusätzliche Informationen** können weitere Verästelungen bilden.

6 *Halte die wichtigsten Informationen des Sachtextes in einer Mind-Map fest, in die du Ober- und Unterbegriffe als Äste und Verästelungen darstellst.*

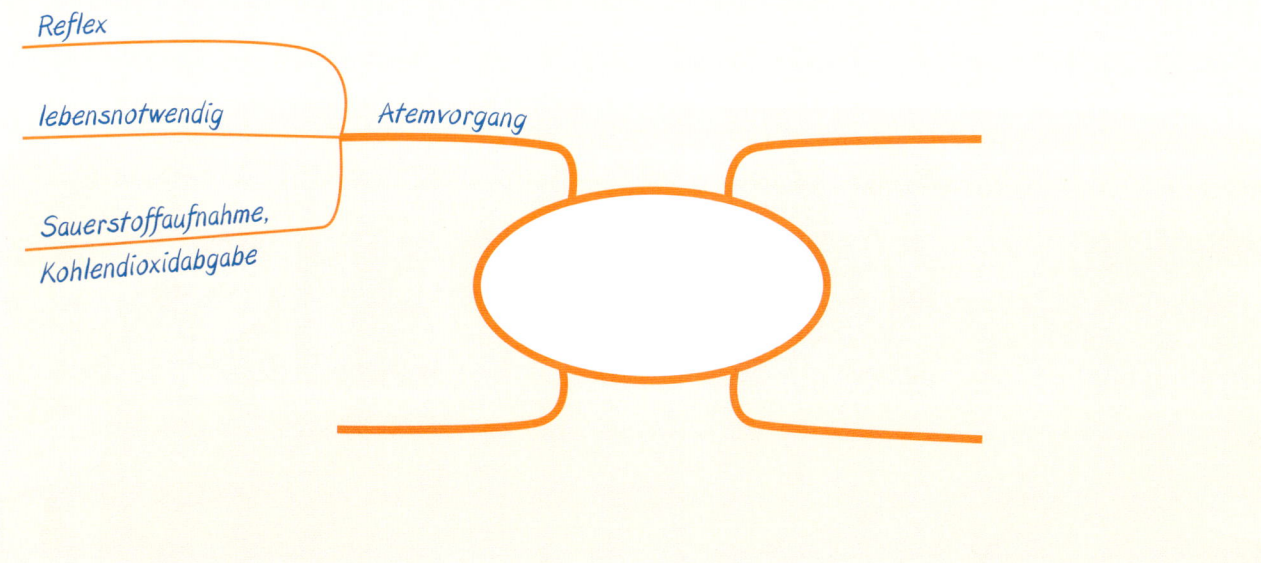

Schwierige Wörter und Sätze klären

TIPP

- ☐ Versuche bei **unbekannten Wörtern** die Bedeutung aus dem Zusammenhang zu erschließen oder schlage in einem Wörterbuch nach.
- ☐ **Schwierige Sätze** enthalten oft eine Häufung von Attributen. Solche Sätze kannst du eher verstehen, wenn du Attribute in Relativsätze umformulierst (▷ S. 46).

1 *a) Kreise im Sachtext auf ▷ S. 84–85 Wörter ein, die dir unbekannt sind.*
b) Trage die Wörter in die linke Spalte der folgenden Tabelle ein und füge die Zeilenangaben hinzu.

Unbekanntes Wort	Mögliche Bedeutung im Zusammenhang	Erklärung aus dem Wörterbuch
Reflex (Z. 5)	*Zwang, Verlangen*	*...*

2 *Welche Informationen enthält der nachfolgende Satz? Formuliere mit eigenen Worten.*

In einer 70 m² großen Etagenwohnung mit einer Vier-Personen-Belegung sollte ungefähr alle anderthalb Stunden so gelüftet werden, dass ein kompletter Austausch der Raumluft erfolgt.

Diagramme und Tabellen

Diagramme machen Zahlen anschaulich.
- ☐ Das **Balkendiagramm** zeigt Mengenverhältnisse, das **Kurvendiagramm** Entwicklungen.
- ☐ In einer **Tabelle** werden Informationen übersichtlich dargestellt. In der linken Spalte und in der obersten Zeile stehen die Oberbegriffe.

1

Benötigte Luftmenge pro Minute beim Erwachsenen (Abb. 1)

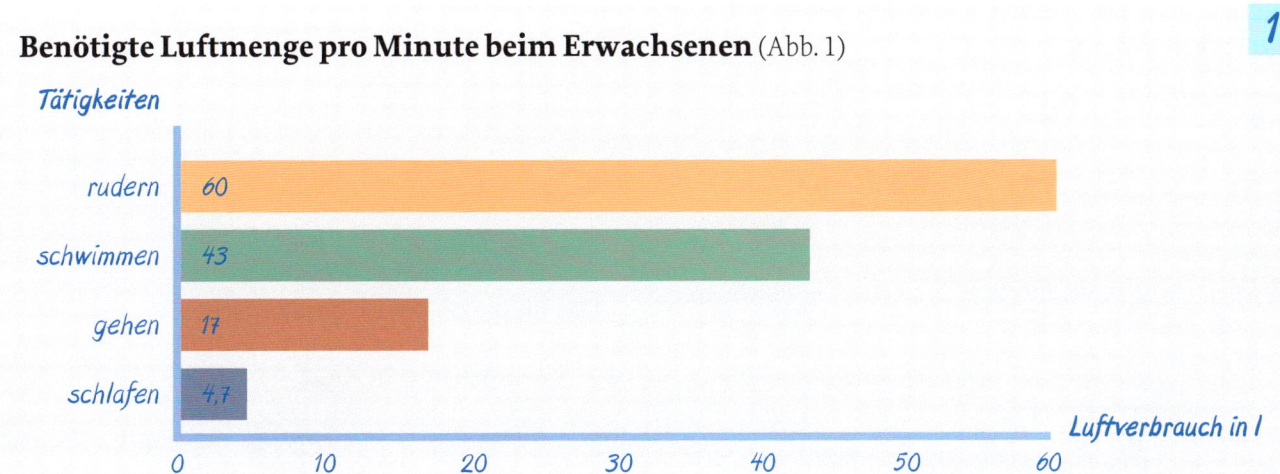

2

Kohlendioxid in der Luft eines Klassenraums (Abb. 2)

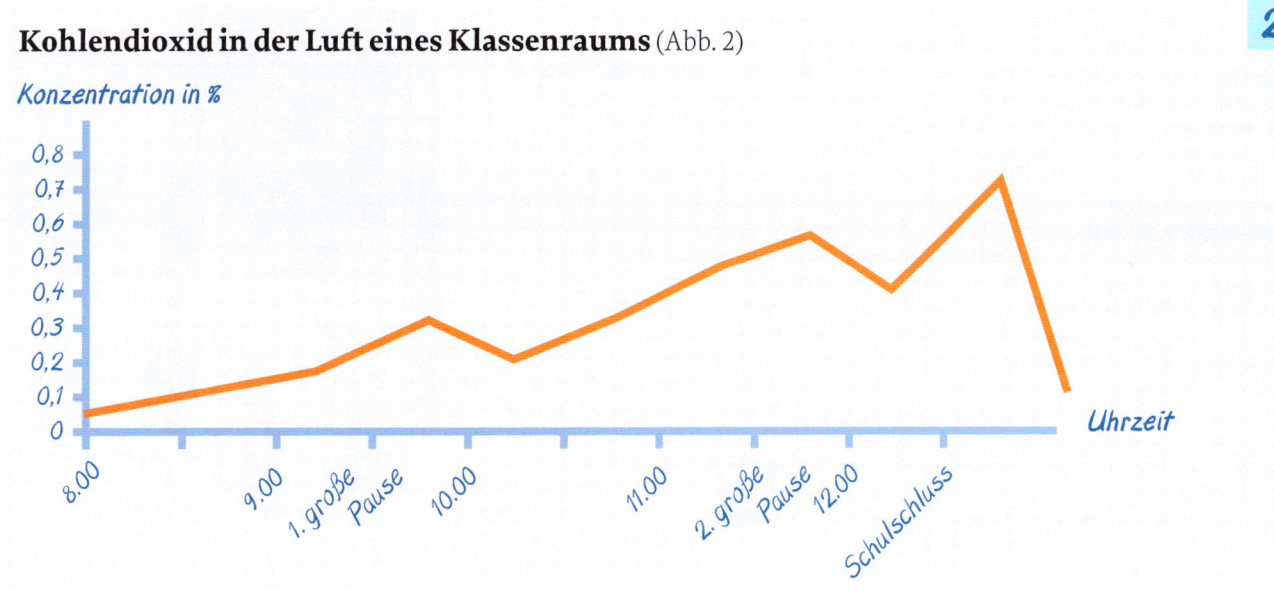

Atemhäufigkeit und eingeatmete Luftmenge im Ruhezustand (Abb. 3)

3

Alter	Atemfrequenz pro Minute	Atemzugvolumen (Luftmenge pro Atemzug)
Neugeborenes	40 – 60	30 – 50 ml
Kind, 5 Jahre	20 – 25	150 – 200 ml
Kind, 10 Jahre	18 – 20	300 – 400 ml
Jugendlicher	16 – 20	400 – 500 ml
Erwachsener	12 – 15	500 – 800 ml

1 *Schreibe in die linke Spalte der nachfolgenden Tabelle: Welche der Abbildungen entspricht welcher Diagramm-Form? Schreibe in die rechte Spalte: Was stellt das Diagramm jeweils anschaulich dar?*

Diagramm-Form	Was das Diagramm anschaulich darstellt
Balkendiagramm	
Abb.	
Kurvendiagramm	
Abb.	

2 *Kreuze an, was die Tabelle (▷ S. 87) zum Sachtext (▷ S. 84–85) darstellt:*

☐ *die Atmung der Menschen im Ruhezustand und bei Anstrengung.*

☐ *das Verhältnis von Atemfrequenz und eingeatmetem Luftvolumen.*

☐ *die benötigte Luftmenge des Menschen in verschiedenen Altersstufen.*

3 *Führe im Text die Stellen (▷ S. 84–85) an, zu denen die drei Abbildungen am besten passen.*

Balkendiagramm: *Z.   – Z.*

Kurvendiagramm:

Tabelle:

4 *Ergänze den folgenden Satz zum Balkendiagramm.*

Die Zahl 43 auf dem dritten Balken zeigt an,

Das Blutgefäßsystem des Menschen

Gehirn

Lungenflügel

Herz

Der menschliche Körper kann keinen Sauerstoff speichern, deshalb musst du ununterbrochen atmen. Die Atmung wird je nach Erfordernis von deinem Gehirn gelenkt. Es steuert die Zufuhr von Sauerstoff und den Abtransport des im Körper erzeugten Kohlendioxids automatisch. Dein Blut transportiert beides von der Lunge aus durch den gesamten Körper.

5 *Ergänze den folgenden Satz zum Kurvendiagramm:*

Die Abnahme der Kohlendioxidkonzentration im Klassenraum entsteht dadurch, dass

_____

_____ .

6 *a) Ergänze die folgenden Sätze zur Tabelle:*

In einer Minute atmet ein 10-Jähriger _____ *ein und aus.*

Der Wert 500–800 ml gibt an, _____

_____ .

b) Kreuze die richtige Antwort an: Ein Neugeborenes atmet in einer Minute

☐ *maximal 50 ml ein.*

☐ *maximal 500 ml ein.*

☐ *maximal 3000 ml ein.*

☆ **7** *Setze die Informationen, die der letzte Absatz des Sachtextes auf ▷ S. 84–85 (Z. 21–30) enthält, in eine Tabelle um. Überlege sorgsam, welche Mengen- und Größenangaben du ergänzen musst, um herauszufinden, unter welchen Bedingungen wie oft gelüftet werden muss.*

		Zeitabstände des Lüftens

89

Ich teste meinen Lernstand

TIPP

Der folgende Test (▷ S. 90–95) hilft dir zu erkennen, was du im Fach Deutsch schon alles gelernt hast: Was weißt du? Was kannst du? Wo bist du noch unsicher? Wo hast du Lücken?

Du kannst mit dem Test verschiedene Bereiche prüfen:

- das **Verstehen von Texten** (Aufgaben A),
- **Grammatik** (Aufgaben B),
- **Rechtschreibung** (Aufgabe C)
- und das **Schreiben von Texten** (Aufgabe D).

Wenn du wissen willst, ob du erfolgreich gelernt hast, kannst du den Test am Ende des Schuljahres durchführen. Du kannst aber auch in der Mitte des Schuljahres testen, in welchen Bereichen du Schwächen hast und noch einmal besonders üben musst.

Teile dir vorher feste Zeiten ein, um alle Aufgaben auf den nächsten Seiten in Ruhe zu lösen. Du kannst dir z. B. vornehmen, die Aufgaben A–C in 60 Minuten zu schaffen, und dir später für Aufgabe D ebenso viel Zeit nehmen. Halte die Zeit genau ein und lies die Aufgabenstellungen aufmerksam. Anhand der erreichten Punktzahl kannst du später deinen Lernstand bewerten.

Vielleicht kannst du den Test zusammen mit einem Partner/einer Partnerin schreiben. Gemeinsam könnt ihr auf die Einhaltung der Zeit achten und den Test auswerten. Abschließend könnt ihr Fehlerschwerpunkte feststellen und beraten, was noch einmal geübt werden sollte.

Tyrannosaurus Rex

Tyrannosaurier mussten in ihrem Leben so einiges erdulden. Bisswunden, Knochenbrüche, Krankheiten – das alles konnte ihnen offenbar wenig anhaben. Dies vermuten

5 zumindest Forscher, die den Saurier namens „Sue" am Field Museum in Chicago untersucht haben. Benannt wurde das bisher vollständigste Skelett eines Tyrannosaurus nach seiner Entdeckerin Sue Hendrickson.

Der 67 Millionen Jahre alte Dino ist 12,8 Meter lang und

10 wog zu Lebzeiten wohl an die sieben Tonnen. Der 1,5 Meter lange Kopf mit seinen 58 Zähnen bringt allein 272 kg auf die Waage.

Forscher haben die fossilen[1] Knochen genauer unter die Lupe genommen. Sie fanden Spuren für mehrere Verlet-

15 zungen, die aber wahrscheinlich noch vor dem Tod des Tieres komplett verheilten. Wie die Forscher jetzt berichteten, muss sich Sue im linken wie rechten Rippenbereich ernste Knochenbrüche zugezogen haben. Arm- und Beinknochen sollen von Infektionen betroffen gewesen sein.

Und der Wuchs der Wirbelsäule lässt auf schmerzhafte 20 Rückenprobleme schließen. Da fällt kaum noch ins Gewicht, dass Sue auch unter den üblichen Saurierverletzungen am Kiefer litt.

Davon, dass der angeschlagene Saurier sehr alt geworden sein muss, sind die Forscher überzeugt: „Die verheilten 25 Verletzungen belegen eindeutig, dass Sue ein robustes Tier war, das viele Schläge wegstecken konnte." Woran der Saurier gestorben ist, kann bisher nicht ermittelt werden.

30

Nur im Film kann Tyrannosaurus Rex schnell rennen. In der Realität hätte er dafür viel zu lange Beinmuskeln benötigt, die nicht zu den überlieferten Skeletten passen, sagen zwei Dinosaurier-Spezialisten.

Ein Tyrannosaurus konnte bis zu 15 Meter lang, sechs 35 Meter hoch und über sechs Tonnen schwer werden. Um einem solchen Tier den nachgesagten schnellen Sprint von 45 km/h bei der Beutejagd zu ermöglichen, hätten

1 **fossil:** urzeitlich, als Versteinerung erhalten

40 über 80 Prozent der Körpermasse in den Muskeln sitzen müssen. Das ergaben jetzt neue Berechnungen.

Die Forscher verweisen zum Vergleich auf das Huhn, um den Zusammenhang zwischen Körpermasse und Muskeln zu erklären. Beim normalen Huhn stecken 17 Prozent des Körpergewichts in den Beinen. Wollte aber ein 45 Huhn von Größe und Gewicht eines T-Rex vergleichbar schnell sprinten wie das kleine Federvieh, müssten bei sechs Tonnen Gewicht 99 Prozent des Körpers aus Beinmuskeln bestehen.

Ihre Berechnungen schließen aber nicht aus, so betonen die Forscher, dass T-Rex ein Jäger war. Immerhin ermög- 50 lichten die langen Beine dem aufrecht gehenden Fleischfresser große Schritte: Mit bis zu fünf Metern in der Sekunde hätte T-Rex kleinere Beutetiere und gleich große, aber schwerfällige Pflanzenfresser noch einholen können. Besonders schnell war der Saurier allerdings nicht: 55 Elefanten und Spitzensportler schaffen das doppelte Tempo.

A Den Text verstehen

Lies den Text über den Tyrannosaurus Rex und löse folgende Aufgaben:

1 *Kreuze die richtige Antwort an.*

Bei dem Text handelt es sich um

☐ a) den Bericht eines Forschers über seine neuen Entdeckungen zum Tyrannosaurus Rex.

☐ b) einen informativen Sachtext über die neueste Forschung zum Körperbau der Dinosaurier.

☐ c) einen informativen Sachtext über neue Forschungsergebnisse zum Tyrannosaurus Rex.

☐ d) einen Lexikonartikel zum Tyrannosaurus Rex.

3 P.

2 *Der Text hat zwei Abschnitte.*
Schreibe zu jedem eine passende Überschrift in die freien Zeilen (Z. 1, Z. 30).

4 P.

3 *Richtig oder falsch?*

	richtig	falsch
a) Der Tyrannosaurus Rex konnte schneller laufen als ein Elefant.	☐	☐
b) Der Tyrannosaurus Rex litt häufig an Kieferverletzungen.	☐	☐
c) Der Tyrannosaurus Rex jagte auch Hühner.	☐	☐
d) Der Tyrannosaurus Rex konnte bis zu 15 Tonnen schwer werden.	☐	☐

2 P.

4 *Aus welcher Textaussage lässt sich entnehmen, wann der T-Rex „Sue" lebte?*

_____

1 P.

5 *Warum wurde einer der Tyrannosaurier „Sue" genannt?*

_____

1 P.

6 *Konnte der Tyrannosaurus Rex schnell laufen? Begründe kurz.*

_____

_____

3 P.

7 *Kreuze die richtige Antwort an. „Schläge wegstecken" (▷ Z. 27) bedeutet:*

☐ a) Die Saurier erlitten Schicksalsschläge.

☐ b) Die Saurier schlugen sich gut durch.

☐ c) Die Saurier konnten einiges aushalten.

☐ d) Die Saurier wurden durch Schläge verletzt.

2 P.

8 *Kreuze die richtige Antwort an. „Unter die Lupe genommen" (▷ Z. 13f.) bedeutet:*

☐ a) mit dem Vergrößerungsglas betrachten

☐ b) genau untersuchen

☐ c) unter ein Mikroskop legen

☐ d) mit modernster Technik untersuchen

2 P.

9 *Kreuze die richtige Antwort an.*

Die Forscher ...., dass den Tyrannosauriern Verletzungen wenig ausmachten.

☐ a) behaupten ☐ b) wissen ☐ c) untersuchen ☐ d) nehmen an

2 P.

B Grammatik

10 *Schreibe die Nummern der unterstrichenen Satzglieder, Attribute und Nebensätze an der richtigen Stelle in die Tabelle. Manchmal kannst du mehrere Nummern eintragen.*

Tyrannosaurus als „lebendes" Modell (1)

Die Leitung des Londoner Naturhistorischen Museums bemühte sich erfolgreich um eine neue Attraktion:

1   2   3

Künftig gibt es dort einen lebensechten Tyrannosaurus Rex zu bestaunen.

             4

Das vier Meter große und sieben Meter hohe Tier ist beweglich, schlägt mit dem Schwanz und brüllt hin und wieder.

      5   6   7

Ursprünglich sollte T-Rex auch einen Ekel erregenden Atem verströmen.

      8   9   8

Die Ausstellungsmacher mixten dazu verschiedene künstliche Gerüche, die zusammen an verrottendes Fleisch erinnerten.

                 10

Weil das die Besucher aber wohl vertrieben hätte, wird jetzt „nur" der Schwefelgeruch des modrigen Sumpfes

                    11

verbreitet, in dem die Tiere gelebt haben sollen.

Subjekt		**Attribut**	
Prädikat		**Adverbiale Bestimmung der Zeit**	
Akkusativobjekt		**Adverbiale Bestimmung der Art und Weise**	
Präpositionalobjekt		**Relativsatz**	

11 P.

11 *Fülle die Lücken mit passenden Nomen im richtigen Kasus. Schreibe die Kasusbestimmung in die Klammern.*

die Entwickler   andere Museen   das Ausstellungsstück   der Saurier-Roboter

Tyrannosaurus als „lebendes" Modell (2)

Das Museum gibt freimütig zu, der wissenschaftliche Wert _____ (_____)

halte sich in Grenzen. Der T-Rex, gesteuert von modernster Computertechnik, stammt aus der japanischen Modellbau-

firma Kokoro. Die Ingenieure hoffen, nach dem Londoner Vorbild auch _____

(_____) _____ (_____) anbieten zu können –

derzeit zum Preis von umgerechnet 340.000 Euro. In fünf Jahren, so hoffen _____

(_____), werde man noch beweglichere Saurier verkaufen können. Die Tiere der nächsten Generation

sollen sich dann völlig frei durch die Räume bewegen können.

4 P.

12 *Setze die Infinitive in das angegebene Tempus. Beachte auch die Personalform.*

Präsens:	Der T-Rex (gehören) _____ zu den gefährlichsten Dinosauriern.
Präteritum:	Die Saurier (fressen) _____ vor allem kleinere Beutetiere.
Perfekt:	Die Forscher (finden) _____ ein komplettes Skelett _____.
Plusquamperfekt:	Der Saurier (leiden) _____ unter mehreren Verletzungen _____.
Futur I:	Das Museum (ausstellen) _____ ein Sauriermodell _____.

5 P.

13 *Kreuze den jeweils passenden Redebegleitsatz aus dem Wortfeld „sagen" an.*

„Wir müssen die Ausgrabungen an dem gefährlichen Abhang fortsetzen",

☐ a) wünscht sich die Forscherin.

☐ b) stellt die Forscherin fest.

☐ c) fragt die Forscherin.

☐ d) bittet die Forscherin.

„Das schaffen wir doch nie!",

☐ e) befiehlt ihr Mitarbeiter.

☐ f) fordert ihr Mitarbeiter.

☐ g) zweifelt ihr Mitarbeiter.

☐ h) beschwert sich ihr Mitarbeiter.

„Keine Angst, gemeinsam schaffen wir das schon",

☐ i) ermuntert die Forscherin ihren Mitarbeiter.

☐ j) vertröstet die Forscherin ihren Mitarbeiter.

☐ k) fordert die Forscherin.

☐ l) behauptet die Forscherin.

6 P.

C Rechtschreibung

14 *Eine Dinosaurier-Homepage bekommt häufig Artikel mit neuen Theorien zum Thema „Massensterben der Dinosaurier"
zugeschickt. Bevor diese jedoch ins Netz gestellt werden können, müssen die Fehler korrigiert werden – und die sind gar nicht
selten.
In diesen Text haben sich 20 Fehler eingeschlichen. Unterstreiche die falsch geschriebenen Wörter und schreibe sie verbessert
in die rechte Spalte.*

Dino-Sterben: Neue Zweifel an Asteroiden-Theorie

Britische und kanadische Forscher haben zweifel an der Theorie

angemeldet, nach der allein der Einschlag eines Himelskörpers vor

65 Millionen Jahren für das aussterben der Dinosaurier verant-

wordlich sein soll. Die vom Einschlak ausgelösten Feuerstürme

5 seien nicht starg genug gewesen, eine Weltweite Katastrophe aus

zu lösen, schreiben die Forscher im Magazin „Geology".

Ein Krater auf der mexikanischen Halbinsel Yucatan beweist, dass

vor runt 65 Millionen Jaren ein Himmelskörper auf der Erde einge-

schlagen ist. Über die Auswirkungen sind sich die Fachleude jedoch

10 uneins. Schon 2000 Kilometer vom Krater entfernd habe es keine

Brände mehr gegeben, schreiben jetzt die „Geology"-Autoren. Das

Forscherteam hatte in Zahlreichen, über ganz Nordamerika verteil-

ten Gesteinsschichten nach kolehaltigen ablagerungen gesucht,

die auf verbrante Vegetation hin weisen könnten. Weil sich derar-

15 tige spuren nicht finden lißen, bezweifeln die Forscher, dass der

Einschlag globale Folgen nachsichziehen konnte.

10 P.

94

D Einen Sachtext schreiben

Erdzeitalter	Periode	Millionen Jahre	Dinosaurier und andere Tiere
Erdneuzeit		Gegenwart bis 65	Ausbreitung der Säugetiere
Erdmittelalter	Kreide	65 – 135	die letzten Dinosaurier erscheinen: z. B. Brontosaurus Aussterben der Dinosaurier
	Jura	135 – 205	Hauptzeit der Dinosaurier: z. B. Tyrannosaurus, Stegosaurus erste Vögel: z. B. Archaeopteryx
	Trias	205 – 250	erste Dinosaurier erscheinen: z. B. Plateosaurus, Flugsaurier
Erdaltertum		vor 250	Leben hauptsächlich im Wasser: z. B. Haie und Quastenflosser Land: Reptilien und Insekten

15 *Schreibe einen informativen Sachtext, in dem du die Informationen aus der Tabelle nutzt.*
Bereite deinen Text durch die folgenden Arbeitsschritte a und b vor, bevor du ihn niederschreibst.
Nutze dein Heft, wenn die Schreiblinien nicht ausreichen.
a) Sieh dir die Informationen in der Tabelle genau an. Überlege dir zuerst das Thema und eine passende Überschrift.

b) Gliedere die Informationen, indem du Zwischenüberschriften zu einzelnen Absätzen deines Sachtextes notierst.

c) Schreibe nun den Sachtext in dein Heft.
Beachte dabei den folgenden Tipp und überprüfe am Ende die Rechtschreibung.

24 P.

> **TIPP**
>
> **Beim sachlichen Schreiben** musst du
> ☐ genaue Informationen geben (W-Fragen beachten),
> ☐ übersichtlich gliedern,
> ☐ sachlich schreiben (nicht erzählen, nicht vom Thema abschweifen),
> ☐ auf die Zeitformen achten (Präteritum, wenn über Vergangenes berichtet wird,
>   oder Präsens, wenn über Dinge informiert wird, die andauern bzw. immer gelten).

Autoren- und Quellenverzeichnis

S. 8–10: Bieniek, Christian: Aus: Filmstar und Burgfräulein. In: Ich schenk dir eine Geschichte. Freundschaftsgeschichten. Bertelsmann Jugendbuch Verlag, München 2000, S. 79–88; **S. 19–20**: Tolkien, J.r.r.: Aus: Der Herr der Ringe. Band 1: Die Gefährten. Klett-Cotta, Stuttgart 2000, S. 459; **S. 25**: Ende, Michael: Cassiopeias Rätsel. Aus: Momo. Thienemann, Stuttgart 1973; **S. 29**: Manz, Hans: Was soll man mit dem verflixten UN- (Umgang mit einer Vorsilbe). In: Ders.: Die Welt der Wörter. Sprachbuch für Kinder und Neugierige. Im Anhang Beiträge über Hans Manz und seine Texte. Beltz & Gelberg, Weinheim 1996, S. 318; **S. 45**: Die drei ??? und die flüsternde Mumie. Erzählt von Robert Arthur, übers. aus dem Englischen von Leonore Puchert. Franck Kosmos/dtv junior, München 1971; **S. 51**: Le Goff, Jacques: Die Geschichte Europas. Übers. von Tobias Scheffel. Campus, Frankfurt/Main 1997, S. 12–13, S. 42; **S. 53**: Winfried Ulrich: Nicht richtig verstanden? (gekürzt). In: Winfried Ulrich, Sprachspiele für jüngere Leser und Verfasser von Texten. Hahner Verlagsgesellschaft, Aachen 2000, S.35; **S. 48**: Dische, Irene: Wie spricht denn der? Aus: Warum ich keine Europäerin bin. In: Doris Schröder-Köpf/Ingke Brodersen (Hg.): Der Kanzler wohnt im Swimmingpool oder Wie Politik gemacht wird. Campus Verlag Frankfurt/New York 2001, S.202f. **S. 80**: Boie, Kirsten: Verkleidungsspaß auf Taras Geburtstag. Aus: Geburtstag im Möwenweg. Oetinger, Hamburg 2003; **S. 81**: Matter, Maritgen/Faust, Anke: Was fressen Wölfe am liebsten? Aus: Ein Schaf fürs Leben. Übers. aus dem Niederländischen von Sylke Hachmeister. Oetinger, Hamburg 2003; **S. 82**: Manz, Hans: Akzente setzen. Aus: Ders.: Die Welt der Wörter. Beltz & Gelberg, Weinheim, Basel, Berlin 2003. S.134; **S. 83**: Strittmatter, Erwin: Die Macht des Wortes. Aus: Ders: Schulzenhofer Kramkalender. In: Hans-Joachim Gelberg (Hg.): Eines Tages. Geschichten von Überallher. Beltz Verlag, Weinheim, Basel 2002. S.240; **S. 90–92**: Tyrannosaurus Rex. http://www.dinosaurier.org/nachrichten/news13.htm; **S. 94**: http://www.dinosaurier.org/nachrichten/news120.htm (Stand September 2004)

Bildquellenverzeichnis

S. 11: e.o.plauen, „Unbeabsichtigte Helden", Gesamtausgabe Erich Ohser © Südverlag GmbH, Konstanz, 2000, mit Genehmigung der Gesellschaft für Verlagswerte GmbH, Kreuzlingen, Schweiz; **S. 17**: © Scout/Sternjakob, Frankenthal, mit freundlicher Genehmigung; **S. 20**: dpa-Film, Warner 2005; **S. 41**:© Verlagsgruppe Oetinger, Hamburg – Andreas Steinhöfel: Beschützer der Diebe. © für die Umschlagillustration von Ulrike Heyne: 1996 Deutscher Taschenbuch Verlag, München – © Loewe/Gondrom, Bindlach

www.deutschbuch.de/onlinediagnose
Kostenlose Online-Diagnosen zu
– Rechtschreibung
– Leseverständnis

Impressum

Redaktion: lüra – Klemt & Mues GbR, Wuppertal

Illustrationen: Thomas Binder, Magdeburg (S. 12–14, 21, 22, 86), Maja Bohn, Berlin (S. 8–10, 57–60, 82, 83), Klaus Ensikat, Berlin (S. 19) Sylvia Graupner, Annaberg (S. 28–32, 46, 47), Kurt Krischke (S. 88), Sabine Lochmann, Frankfurt/Main (S. 23–26, 49–52, 76–79), Friederike Rave (S. 40–42, 54, 55, 62–65, 80, 81), Barbara Schumann, Schöneiche (S. 66–71), Bernhard Skopnik, Kassel (S. 4–6, 34–38, 72–74, 91–94)
Umschlaggestaltung: Katharina Wolff (Foto: Peter Wirtz, Illustration: Barbara Schumann)
Layoutkonzept: Katharina Wolff
Technische Umsetzung: werkstatt für gebrauchsgrafik, Berlin

www.cornelsen.de

© 2005 Cornelsen Verlag, Berlin
© 2019 Cornelsen Verlag GmbH, Berlin

Druck: Athesiadruck GmbH

Ausgabe ohne CD
2. Auflage, 13. Druck 2019
ISBN 978-3-464-68062-9

Ausgabe mit Übungs-CD
1. Auflage, 7. Druck 2015
ISBN 978-3-464-68098-8

PEFC zertifiziert
Dieses Produkt stammt aus nachhaltig bewirtschafteten Wäldern und kontrollierten Quellen.
www.pefc.de

PEFC/18-31-166